教育不止一條路

林茵 著
陳曉蕾 編

期待關心教育的你，
還有立志改變社會的你們，
從中得到啟迪，思索未來。

時間線

林茵用了超過兩年，採訪創意書院老師、學生、以及不同經歷的畢業生，紀錄這段追尋理想的過程裡，所遇到的困難、疑惑、挫折，以及從中得到的體會與成長。

二〇一五年

一月 留校採訪

九月 設立臉書「教育不止一條路」

二〇一六年

三月 開始撰寫

二〇一七年

三月 報導完成

五月 獨立出版

編序

繼續報導

陳曉蕾

為什麼一位記者會用兩年多時間，採訪創意書院？

二零一四年初林茵主動來約，問如何可以獨立採訪。當時她在報紙寫專題，報導寫得相當好，甚至有讀者問：「『林茵』是一位記者還是一組記者的筆名？為什麼可以每個星期都有這樣高水平的報導？」每周採訪報導消耗極大，林茵覺得難以持續，與我談了後，她先後去了另一份報章和周刊工作，都是行內認為較能發揮的職位，然而面對香港傳媒種種局限，選擇離開。

怎樣繼續下去？

二零一四年底年林茵來參加我辦的「繼續報導」工作坊。當時我驚聞「主場新聞」倒閉，豁出去想做點事，一班四十人，林茵不是唯一表示有意嘗試獨立採訪報導，但她一直堅持。所有工作坊收到的學費，都給了她。

二零一五年謝謝有心人捐了一年的錢，讓林茵可以待在創意書院深入採訪，二零一六年她默默開筆，直到二零一七年中才完成這書。

報導相當仔細，不僅僅紀錄一間學校，還是香港一場堅持了十年的教育改革。當年政府提出「高中政策」立意向學生和社會提供多元化教育，十一間高中目前只剩下三間，其中創意書院好不容易才摸索走出一條路，經驗非常珍貴。

讀著創意書院老師不想有校規，期待學生自主，改變教法、改變課程，甚至不再考試，度身設計學習內容，卻又撞得焦頭爛額，自由一時閃出眩目花火，轉眼卻髒亂難以收拾，鐘擺一次又一次搖晃，漸漸地，才開始找到位置——這讓我想起公社、生態村……種種理想的社會實驗，做出來，比口頭說說，實在艱難得多。

就像一面亮晶晶的鏡子，有心人會從書院的十年，找到共鳴，那些淚水、汗水、驚喜、失望過後又重新出發，都是真實的。

謝謝何穎賢小姐協助這書的發行及銷售工作，黃杰芝女士、張志堂先生義務校對。這是「繼續報導」第二本出版書籍，感謝大家直接跟記者買書。

祝福林茵繼續報導，誠心所願。

自序

但願聲音被聽見

林茵

本書在二零一六年三月正式開筆，同一時間，也是學生自殺潮之始。一年過後，同樣是三月，書寫到最後階段，我在家裡埋頭苦幹時，外面的世界裡幾乎每天都有學生死去。中學生、大學生、甚至小學生，一個接一個從高樓躍下。社會輿論對此情況愈來愈無言，不知從何處著力。我也邊寫邊想，這本書能夠為他們做什麼？可以為學生的處境帶來一些改變嗎？當主流價值觀仍然強調，有學歷有文憑找份好工作生活才有保障時，年輕一代卻連命也不想要。

採訪是由二零一五年一月開始，兩年來每逢跟人提起，我正在創意書院採訪，想寫一本關於教育的書；旁人都有點疑惑：不是一間公認的名校，歷史也只有十年，有何值得寫十幾萬字？但我從沒把這當作是本介紹一間學校的書。開始這個採訪計劃，是想透過這群師生的經驗去看教育還有沒有其他可能。當大家都覺得香港的教育出了大問題時，其實我們心目中的理想教育是怎樣的？為何難以在香港出現？實踐時遇上了什麼困難？

在兩年多的採寫過程中，我對教育也有了新的認知。起初我以為教育是關於政策、課程設計和教學方法。在看了各種資料、舊新聞和書本之後，就到創意書院實地觀課。

首兩個月盡量到不同老師、不同科目的課室裡，東看看、西看看，卻看不出什麼名堂。我面對一個問題：怎樣衡量不同課堂的成效呢？怎樣知道哪套做法比較好？透過與學生傾談，我大概可了解到他們喜歡哪個老師、哪些科目，但實際上學生是怎樣學習的？上課前與上課後有什麼改變了？卻沒法確切知道，學生也難以具體描述為何覺得某個老師教得好，很多時只提及一些主觀感覺。而且，教育的果實可能要幾年後回頭才望到。當下沒產生影響、甚至令學生討厭的課堂，日後才發覺有得著。真正改變一個人也是需要時間的。

後來我集中觀察同一班學生在一個學期內的變化，留意他們在不同老師面前的不同表現，以及在同一科裡每堂課之間改變。因為經常在一起，也開始熟悉班裡各同學的關係和心事。我漸漸發現，教育的本質就是人與人之間的相處和互動、以及從中帶來的成長。學習可以獨自躲在家裡學，但教育是一個人對另一個的影響。無論是受訪的老師和畢業生，談到他們認為什麼是好的教育時，常常會引述：「以前有個老師曾經講過一句說話，我好印象深刻……」那句話為何有說服力，背後就是師生間長久的相處和關係。

政策、課程、教學方法固然重要，但我們在衡量方法的好壞時，最不能忽視的可能就是它對師生相處會帶來怎樣的影響？能否製造有利於良性溝通、互動、因材施教的空間？

然而人與人之間的相處是極微妙的一回事。創意書院裡很多重要的學習發生於課堂以外，存在於師生日常的對答，大家一起進餐、放學後在工作室裡各忙各的時光。學校是他們共同生活的地方，這是書院教育的特色，但也是本書最難處理的一點。因為生活總是瑣碎的，那種當下即時的人際互動，很難被紀錄和歸納成一些方法，作為旁觀者也難以捕捉學生被觸動到的瞬間。曾經嘗試寫一章講述這種相處及其價值，但始終沒法寫得好看，最終決定刪去，是本書的遺憾。為求呈現這小社群裡的多元性，亦盡量採訪了不同個性和發展方向的畢業生，唯部份訪問較零碎，難以整理成完整篇章與讀者分享，亦有個別畢業生不想受訪，誠為可惜。

書寫到中段的時候我開始覺得，這本書也關於一群人的成長。學生在書院裡學習如何看待自己、如何與別人相處，尋找生命的意義。老師也不斷反思和驗證自己的信念，回顧自身的學習歷程，有哪些上一代老師做錯了的地方要避免？有哪些可以做得更好的？學校這個社群，讓這些成長得以發生。當學生能在群體裡安頓到自己、找到可以信賴的同伴和師長、找到一些真正的興趣和目標，才有努力學習的理由，支撐他們度過成長中那些困難和苦悶的關口。

感謝書院的老師們，在繁忙的教務當中抽空受訪；也感謝書院的學生、畢業生坦誠分享。雖然不是每個訪問都有在書中引用，但大家所說的都幫助我更精確地掌握在教育現場裡、不同位置的人們所思所感。

也很感謝創意書院的信任，讓我可以長期在校內自由採訪。以往在主流媒體工作時，能做到的學生訪問通常都在老師和家長陪伴下進行，學生便只給出得體、穩妥但有點顧忌的答案；今次則可以在較長時間的相處下，多一點接近這一代學生的內心，窺見他們對世界的失望與希望。

這些相處的時光也是支撐我把書寫完的動力。寫作是孤獨的作業，過程中常感力有不逮，也只能獨自面對。但每當記起一些書院學生對理想的熱誠，在種種壓力與憂慮中仍然守著夢想的價值，便覺得自己總不能輸給這些比我還年輕一截的人，連忙咬緊牙關寫下去。

但願這書出版能讓他們的聲音被更多人聽見。當我們愈理解真實的情景，便愈接近解決問題的開端。

目錄

第一章　想像，另一條路

一　沒有學校收的高材生

那是不久前的中學會考年代。每年八月會考放榜，成績單上的分數將數以萬計學生帶往不同的路途。考得三十分（六科或以上取得A級）的屬於尖子，有機會獲大學優先取錄，最頂尖取得九至十科A級的「九優」、「十優」狀元，會被傳媒追訪，在鏡頭前高舉成績單拍照，暢談讀書心得、考試秘技。

另一條標誌性的界線是十四分。考得十四分或以上的，約佔全體日校考生的三成。這是一個近似「合格」的成績，大部份十四分或以上的學生均可升讀中六。但由於一般學校的中六學額只是中五畢業生人數的三、四成，在一些精英學校裡，考獲高分的學生很多，沒有足夠中六學額取錄所有十四分以上的學生，較低分的同學便要在即日報讀其他學校。

尚有剩餘學位的學校，大多會在各區的「聯合招生中心」（簡稱「聯招」）設立報名處，即場面試和取錄學生。由於各家學校同時面試，學生如果試了兩、三間仍不成功，剩下的選擇就愈來愈少，這過程爭分奪秒。「聯招」是另一個世界，傳媒採訪隊也會到這裡，拍攝長長的報名人龍，學生和家長滿手學歷文件，焦灼地奔走於場內場外。找到學校的暫時鬆一口氣，未找到的徬徨無助。鏡頭下，總有一些年輕人雙眼通紅。

考獲六至十三分的考生，也符合升中六資格，但機會更渺茫，要等到放榜翌日下午，待十四分或以上的考生找完學校了，才可向尚有餘額的學校報名。平均十幾人爭奪一個學位。而且這階段不設「聯招」，要親身到各家學校遞表格。不少學生和家長在心儀的學校門外徹夜排隊，博取一個希望；甚至有幾年適逢颱風襲港，仍有人在暴風雨下露宿，等候學校開門。

這場嚴酷的競賽，每年盛夏都上演一次。

不被承認的分數

事隔七年，Apple 仍然記得放榜日的汗水與眼淚。Apple 初中入讀以成績優秀、校風嚴謹著稱的 Band 1 傳統英文女校。她自小喜歡畫畫，其他科目則成績平平。二零零九年她中五會考，成績剛好十四分，不足夠在原校升讀中六，但報讀其他學校應該不難，「家姐早兩年會考，也是十四分，很容易就找到學校。」她說。

問題出在她修讀的科目組合：十四分當中，五分來自視覺藝術科的A級。但大部份學校的預科課程沒有開設視藝科，「聯招」時就把這科得到的的五分扣掉，變成只有九分，有些學校連面試機會都不給。「我其他成績比較好的就是英文和英國文學，那時純粹為興趣選讀，但很多學校沒有開辦英國文學科，我沒想過來到會考這一關會好『蝕底』。」

放榜前她蒐集過資料，找出區內寥寥幾間中六有開設視藝科、或者容許學生自修視藝的學校。但到了「聯招」現場，有學校卻說不可自修視藝；而有視藝科的，又嫌她其他科目成績不好。「你讀英國文學，我們學校沒有提供這課程，那你入來讀什麼？」面試的老師問。Apple說打算讀地理，她對地理也有興趣。對方即說：「但你地理只考到E級！」

「我不知該怎樣答，他跟我面試好像只為了『踩低』我，講了差不多二十分鐘，我一直忍著眼淚。」Apple憶述：「有一刻大家都沒話可說，dead air，我就揭去portfolio另一頁，是學校提供的課外活動紀錄，寫著參加過什麼活動、各種『豐功偉績』。那時我很活躍，足足有兩頁。既然沒法講成績，唯有談談自己是個怎樣的人。」不料那老師說：「我不需要這些，你進來拿A就行了。」Apple呆了無法回應：「後來想，這也是現實吧。」

「聯招」場內多間學校同時招生，Apple完成這次面試，其他學校已少了很多學位。她再試了幾間學校都落空，眼見就快沒有學位，非常慌亂：「我打電話回家，已經哭了，家人說不要緊，回來喝杯茶再說吧。」

喜歡畫畫的她，從前能想像到的唯一出路就是進大學讀藝術系；而且她原本讀的是地區名校，多數同學都能考上大學，她從沒想過自己可能無法升讀中六。回家急忙查找其他升學途徑的資料，但適合自己的似乎不多，「看到有視覺藝術的pre-asso（副學士先修課程），但學費很貴，又不知道是什麼來的。難道真的要出來工作？我不知可以做什麼。」

有同學打電話來關心，提到有一間直資學校「香港兆基創意書院」還在招生，可以去試試。翌日Apple帶著自己的畫作去，負責面試的老師問她除了視藝還會選修什麼科目，她說打算選中國文學，補充一句：「雖然考得一般，但我有興趣。」老師就叫她講一首自己喜歡的詩，並且給她看一篇散文，要她即場用畫將文章的內容表達出來，然後跟她談畫，談了很久。

「我覺得我似返個人囉。聯招的時候，我真的覺得自己連狗都不如。」她說。後來Apple在創意書院完成預科，順利升上浸會大學視覺藝術系，一畢業已有畫廊看中她的作品。現在她一邊創作，一邊兼職教書，漸漸看到未來的出路。

視藝是次等

Apple 的遭遇，在香港學生當中並不罕見。將這件事寫在臉書，引來頗大迴響，原來不少人都有類似經歷。有幾位網友留言，當年找學校時視藝科的分數被扣除不計，以致影響升學；更有人憶述，面試老師語帶鄙夷地說：「這些我們不當是分數的。」明明都是制度認可的課程和考試，但事實上有些學科，在學校和老師眼中就是次一等。而這種偏見，不只存在於招生面試的場合，也存在於日常的課室裡、植根於老師和家長心中。

Apple 最記得初中的數學老師，「他發還試卷時總是由最高分開始，順序派到去最低分，我永遠坐很久才有，因為我的分數一定是最尾五名的。他就是想你驚，讓全班都知道你考得差。拿了試卷返回座位，他還會用好惡的眼神『啤』著你，那種驚的感覺我還記得。」當年數學考最尾的五個同學都選修視藝，「我不知是否左腦右腦的分別。但我記得有次，那老師在全班面前鬧我們：『你們這些讀 art 的人，無出息的！只識畫畫，日後等著『乞食』吧！』我第一次發現從事藝術創作會被人侮辱的。」

社會整體氣氛也是「重理輕文」。會考年代的高中將文理科學生分流，多數學校理科班的數目都比文科班多；一些學校甚至將此化為制度，按中三時的成績決定學生的選修科，成績最好的分配去理科班，商科次之，文科班則是成績最差的學生。

有網友說：「我讀理科，會考拿了幾個A，但我都想讀中國文學、英國文學、歷史、經濟……以前中學是成績最差的同學才被逼讀文科班。」另一位網友說：「我最弱的科目是數理，可惜家人認為理科出路較多，唸文科『無得揀』。但每次數學校內測驗考試，我都只有十幾、二十分，老師只當我是反叛學生；物理更誇張，完全掌握不了，但老師亦只會認為是你不努力……」亦有網友感嘆：「我就是因為會考和升學問題，早在中三時便沒有挑選喜歡的科目。之後入讀大學當然也沒有機會選喜歡的，一直在讀不喜歡的，怎麼會有好成績跟別人爭？」

另一個出口

一代又一代的學生，都在讀自己不喜歡、不適合的科目。我們的教育體系到底在訓練怎樣的人才？代價是什麼？

高中改制前，會考這一關就把三分二的學生淘汰出去，高考再把二分一預科生篩走。二零零九年改成「三三四」學制後，一般學生都能讀完中六，但能入讀八間政府資助大學學位的比率依然是百分之十八。這是個將八成人打成「失敗者」的制度——但他們明明可以不是失敗者。愛文學的學生本來可能成為作家，但數學不合格，只好將閱讀的時間拿去補習；數理強的學生，語文不合格，於是沒法入大學，社會也就少了一批科學家。愛音樂的、愛打扮的，也許可以成為傑出的唱作人、時裝設計師，但在學校裡常常被標籤為無心向學的「壞學生」、「不良少年」。這制度浪費了多少個像 Apple 的年輕人？

曾經，政府嘗試在教育體系裡提供另一個出口。二零零零年「母語教學」、「基準試」、「校本管理」等一連串教育改革在社會上掀起巨大爭議的年頭，名為《終身學習·全人發展——香港教育制度改革建議》的政策文件裡有一段，提出「建構多元化、多途徑的高中教育體系」，讓年輕人按個性、興趣和能力，選擇適合自己的學習機會。為此，教育統籌委員會建議增加較實用的職業培訓課程學額，及鼓勵成立高中學院，由各機構按照自己的專長及學生對象，提供特色課程，讓學生可以有更多元化的選擇。

受到政策推動，及後幾年，十一間各有特色的高中學校陸續成立。Apple 最終入讀的兆基創意書院，正是其中一間。

二
改革的種子

黃英琦是兆基創意書院的校監和創辦人之一。她記得，這間學校的成立，源於戴希立一通電話。千禧年前後，特區政府的第一波教育改革開始，由教育統籌委員會（下稱「教統會」）主席梁錦松領導，港大教育學者程介明、中學校長戴希立為輔。他們在報章撰文受訪，在電視廣告宣揚「愉快學習」、「求學不是求分數」，引起社會熱烈討論。政策諮詢文件的封面畫了兩隻小鴨，背著沉甸甸的書包、仰望朝陽，對未來充滿期待。「當時大家都覺得，香港教育是否從此可以不一樣呢？」黃英琦說。

那時她是灣仔區議員和香港當代文化中心總監、也在一些學校擔任校董，活躍於公民社會，常在報章雜誌的專欄討論文化藝術和教育議題。教統會廣納教育界和社會人士加入各個教育制度檢討小組，以收集意見；戴希立看到黃英琦關心教育，邀請她擔任小組委員。「進去後才更理解到，原來整個教育制度這麼僵化。」她說：「但同時我也見到，有一班人好想改變，想讓年輕人有多一些不同的教育選擇，整個氣氛是有很多可能的。」

一通電話

教統會其中想推動的，是引入新辦學團體。過去香港的中小學大多由教會、東華三院、保良局等慈善團體開辦，「有些大型辦學團體就像『小教育署』，譬如當年有些提早退休的教育署官員就去了一些辦學團體做總教育主任，管理屬下所有的學校，變相將政府的文化帶入民間的學校管理，一些辦學團體因而多年來都是保守的。」

「有一日戴希立打電話給我，說現在政府希望高中多元化，但很難指望傳統中學去改變，可能要辦一些新的高中學校。政府當時已經預留幾塊地皮，主動問我：『你們文化藝術界有沒有興趣？』」

黃英琦仔細研究後，相信辦一家藝術高中是可行的，遂與一群藝術文化界的朋友，包括藝術家榮念曾、劇場人胡恩威、著名設計師劉小康、理工大學設計學院助理教授蕭競聰等，著手撰寫辦學計劃交給教育局，文化人梁文道、資深記者李月華亦有幫忙。二零零二年底，當代文化中心獲批以直資學校的形式開辦創意書院，政府並撥了九龍城聯合道地皮供他們建校；建築費用部份由政府資助，餘下部分及開校的其他開支需要數千萬元，由辦學團體自行籌募。

一瓢冷水

「然後就是二零零三年，SARS（非典型肺炎）爆發，我什麼錢都籌不到，人人都覺得香港快要完了，那年真的非常慘淡。」黃英琦說。最慘的是每次與人洽談，別人對於「創辦一間藝術中學」，總是潑冷水。

現任立法會議員葉建源當時在教育學院擔任講師，而現轉職公開大學教育及語文學院院長張國華當時是香港大學教育學院助理教授，他們都是少數對開辦藝術高中反應正面的教育界人士，在黃英琦籌備開校的日子裡，介紹了一些校長和老師來。「那些校長一坐下，難聽的說話就來了。他們說：『哦，你想做一間藝術中學？家長為什麼要送子女來讀？』、『有很多人喜歡藝術嗎？為什麼你要做這件事？』」黃英琦反問：「那你的學生當中，會不會有些特別有創意，可能畫畫靚、性格很積極但成績不好的？他說當然有，每班都有幾個。我就說：這些學生可能適合我們啊，我們給他多一點空間，或者可以成長得更好。他們不作聲。」

她又跟一些資深的老師見面，了解主流學校裡的情況：「他們都承認，在考試主導的制度裡，學生已經分做『陪跑』和『非陪跑』兩類。尤其是到了高中，他們會看到哪些同學可能會為學校爭光、會拿幾個A的，就落力催谷，其他同學就不管了。那些學生都頗苦悶的，明知自己會考可能只得幾分，也不知道畢業後有什麼出路，學校對這群人沒什麼支援。」

「之後又有人跟我說：『你看看XX中學，一開始都滿懷理想，現在還不是只看成績的文法中學？』」

黃英琦在二零零四年幾經辛苦籌得足夠款項，但建校要先獲當區的區議會通過，結果受到區議員揶揄：「你來九龍城區開這樣的學校，可能會令這校區的聲譽不好啊。九龍城最多名校，但你這間是金毛飛讀的。……只有其他學校不要的籮底橙才會來吧。」黃英琦有點激動：「那些區議員真的用『籮底橙』這三個字！」

「你無法想像，就算代表教育界的人物、校長、官員、老師都會對一間藝術中學，認為事不關己，『你一定辦不成的』，覺得你服務的都是讀不成書的不良少年，貶意強烈程度令人難以置信。」她總結道：「回想二零零一年的香港，學制的大門是關上的，但我見到年輕人真的沒有什麼多元出路。他們無法適應考試主導的學制，就要『陪跑』，畢業後在社會裡浮浮沉沉，可能只能找一些人工最低的工作，然後讀大學的就是另一批人。這是創校當年的時代背景。」

「變態」教育

與教育界相反，藝術文化界的朋友聽到黃英琦要辦一家藝術中學，都是熱切期待。許多出色的藝術家、設計師曾參與構思課程，部份後來也在創意書院任教。以至書院開校時，有傳媒形容創意書院的教學團隊星光熠熠，是「明星兵工廠」。

校董會成員、藝團「進念二十面體」聯合藝術總監胡恩威解釋，當時眾人大力支持創意書院，因為藝術教育在主流中小學的課程裡一直被邊緣化，嚴重窒礙本地藝術文化的發展。訪問過程中，胡恩威多次用「好變態」來形容香港的教育環境；而他期望政府官員和社會人士能「正常」地看待藝術。

「所有發達國家都會當藝術教育是正常學科，有清楚的程序設計，由幼兒園開始，到小學、中學、高中和大專，亦會有不同類型的藝術專業中學、甚至小學。因為譬如舞蹈或戲曲，是要從小訓練的，不然你沒可能培養到人才。」他指出大學雖有藝術和設計學系，但收生一樣是以公開考試的成績為基準：「一些大學設計學院取錄的學生，可能九成都對設計無興趣的，只不過是成績分數夠高。」

他並且認為教育講求的「德智體群美」在香港都不行：「『德』行不怎樣；『智』就是教你醒目、懂得考試貼題；群育方面年輕人很多都不懂與人合作；體育好差、美育好差。香港的教育就是看排名、看數字，都是表面的東西，內裡實質要怎樣做才幫到學生，沒人關心。每個人本來都不同，有人視覺思維比較好、有人喜歡音樂、有人擅長科學，但香港教育最變態的地方就是只可以得一種人。」

胡恩威記得有次跟教育局的高層開會：「他們煞有介事地問：『怎樣可以培養多些編劇？』我說美國從不擔心無編劇，因為美國由小學到中學都有正常的文學教育，大學不會把文學系全部關掉，於是他們就能培養出有水平的觀眾，而當中有些就會成為作家、編劇。但香港將語文當作文法，我們的中小學，不著重教詩歌。詩是創意好重要的一部份，讓你知道語言不是絕對的。」

他指出這十幾年教育局已有多次討論：「經常都是無端端說：『電影界需要編劇！』但我跟他講完，就會說：『不行，家長會反對』。好喜歡用『家長』或者

『市場』兩個字，說『市場不接受』、『家長不喜歡』，但家長是一個人嗎？有千千萬萬個家長；至於『市場』，如果香港做好基礎的文藝教育，令大家在中小學時對文學、視藝、表演藝術都有基本的認知，有機會去劇場、明白電影的基本語言，就會衍生到一批正常的觀眾，那麼有水平的創作人自然就能夠生存。現在卻常常覺得藝術家要政府補貼，或者你運氣好、不愁生活，才可以做藝術。」

從基礎做起

胡恩威指政府除了二零零零年曇花一現地推出過「高中多元化」政策外，一直缺乏意志全面改革基礎教育課程，近年情況更趨失衡：「大專提供愈來愈多設計和藝術學科的學位，但中學視藝科就愈來愈少人考，因為課程愈來愈理論化，流於空談，不著重技巧，愈來愈少學校報考。教育局又沒給資源，很多學校連美術室都沒有。那增加大專學位又有何用？」

創意書院目標便是彌補基礎教育裡缺掉的這一塊。榮念曾和胡恩威主持的進念、黃英琦創立的當代文化中心，八、九十年代已籌辦過不少以年輕人為對象的藝術教育項目；梁文道創辦「牛棚書院」也是在主流體制外推動藝術文化教育的嘗試。到了千禧年「高中多元化」政策出台，這些人便一拍即合，決定開辦創意書院，希望在中學階段提供更有系統的藝術創意教育。

當代文化中心邀請了藝術文化業界的朋友及大專講師組成委員會，共同設計創意書院的校本藝術創作課程。科目框架參考英國對創意工業的研究，將不同種類的創意工業歸納為四大項，再定下四大科目：「多媒體表演藝術」、「電影與數碼藝術」、「設計及視覺傳意」、「環境與空間研習」，合稱「創意專業導向課程」（Creative Profession-Oriented Programme，簡稱 CPOP），設定為比大專程度較低的入門級學習，為學生日後進修或入行打好基礎。「其實最理想是連同初中一起辦，若只有高中三年，能做的比較有限。但教育多元化政策限於高中，就先試試開辦高中。」胡恩威說：「一間專門培育創意產業和藝術人才的高中，香港當時是沒有的。」

三
微瘋的建校藍圖

創意書院成功取得辦學權後，錄像藝術家馮美華（May Fung）是校董會找來的第一個幫手，她亦是落實整個計劃的核心人物，奠定了這間學校獨特的精神面貌。有畢業生說，開校初年藝術文化界的人未必記得創意書院校名，但只要一說是「May Fung那間學校」就明白了，對方知道是她的學生，態度也會變得熱絡起來。

「這個要公道一點，學校不是我創辦的，我也是受人委託。」馮美華說：「二零零二年政府答應了讓當代文化中心辦學校，Ada（黃英琦）和胡恩威就找我。因為Ada是律師，她有自己的公司要打理，胡恩威又有進念要做，那誰能全職去負責建校呢？於是他們找我做項目總監。我一聽就好興奮，沒想過可以幫忙興建一間學校。」

馮美華在政府工作二十多年，曾任公務員培訓處總培訓主任。梁文道形容她白天埋首辦公室、跟最循規蹈矩的體系打交道，晚上一身黑色套裝就趕到進念排戲，公餘時用鏡頭對準城市，創作詩意又叛逆破格。馮美華自言即使做公務員，亦不斷突破原有的辦事習慣，寫一封公函也每次從頭構思，直至轉了新上司，不再容許創新，才在四十六歲時毅然辭職。之後幾年她到進念當經理、在香港藝術中心培訓管理人員，也到處策劃文化藝術活動、管理牛棚藝術村等。當黃英琦和胡恩威需要找一個熟悉藝術和管理、又能處理政策程序的人來負責建校時，很快就想到她。

「最初是叫我 physically 去建造這間學校的，跟建築師、工程師協調，設計校舍。」馮美華說：「但我是那種會不斷探索的人，當我構思校舍的硬件時，自然也一起考慮軟件如何發展，譬如課程設計、招聘人手等，後來也就參與了這些工作。」

改革實驗場

馮美華沒有正式做過創意書院的校長，由創校前的籌備階段到開校首七個年頭，一直以創意教育總監、署理校長、副校監等身份領導這間學校，因為直資學校受公帑資助和政府規管，法例要求校長須修畢校長課程並領有「校長資格認證」。「我跟別的校長開會是格格不入的，我不是他們那類人。」她說。朋友給她取了個綽號叫「徵瘋」（廣東話發音跟 May Fung 相近），當一般學校的校訓都強調傳統美德時，創意書院的學生發展原則第一條便是「狂迷於藝術文化」（crazy about art and culture），希望學生找到自己的熱情並且全身投入。她也是大情大性，試過巡課室時見到學生不尊重老師，生氣得將他趕出去、連書包也擲出操場；同時也掏出真心關懷學生，記得每個人的名字、熟知他們的性格和家庭背景。

其他最早期參與創意書院的籌備團隊都來自藝術文化界。譬如嚴惠英負責統籌 CPOP 課程設計、日後成為馮美華左右手的助理校長，就是中大藝術系畢業，曾任職於博物館、從事文化政策研究；其他團隊成員包括劇場創作的、藝術行政的，都沒在傳統學校工作過。缺乏中學教育的經驗，往後確實帶來不少「災難」；但作為一群拓荒者，沒有經驗也就不受習慣束縛，得以用全新的角度去想像學校和教育。馮美華直言：「對我來說，這間學校就像是大型的 art project，有好多自由、好多可能性，總之你真心做好就行了。」

創意書院的願景是成為教育工作者及創意業界交流新思想、實踐改革的試驗場地。馮美華和早年加入書院的老師們，都讀了各種討論外國另類學校的著作，像英國的夏山學校、韓國的 Haja Center、台灣全人中學、森林小學等，以認識自主學習、解放教育的理念；從中提取養份，思考在創意書院內可行的實驗。「那時我們常常說的一句話是，『想學生多一個選擇』。因為全港學校都很單一，但每個學生，應該每個人的能力和性格都不同的嘛，我們就想給學生有另類的選擇。」嚴惠英說：「May 特別強調實驗性、自主性，要辦一種不同的、另類的教育給學生，May 對我的影響很大。」

如果沒考試？

當時創校團隊覺得最需要改革的，是側重學術成績、考試主導的教育制度，由學生個人以至香港整體的藝術發展，都因為師生們忙於追逐公開試成績而受到窒礙。因此，學校早年的教育目標強調「將考試主導的元素減至最低」、推行「全面的人文創意教育」、「釋放師生的時間和空間，發展富創意的教學模式。」

為了從考試壓力中得到徹底解放，甚至曾構想過「一校兩制」，將創意書院分為A校和B校。A校學生考公開試、跟隨教育局的課程進度教學，B校純為興趣而讀書。馮美華說：「我最理想的學校就是無考試，有適當的老師，同學看了自己喜歡的書，回校再跟老師同學討論。喜歡何時上堂、跟哪位老師交流，都是學生自己選擇，讀到某個階段覺得這裡的程度不夠了、想入大學了，再花一年半載專攻考試科目。一切都由學生的需要出發，他的學習動力就會好大。」

可惜這構想最終因為資源問題沒有實行，但以學生為本、不要死記硬背和標準化的操練，都是設計課程時的重要原則。相比起考試分數和排名，辦校團體更關心學生是怎樣的人，希望做到真正全人教育，令學生具備探究、分析和批判能力，能在學習過程中認識自己、進而關懷社會和世界。創意書院重視培養學生的人文視野和公民意識：在新高中改制前，已將會考課程的綜合人文科、及高考課程的通識科列為校內所有學生的必修科目。而且，書院是香港極少數在使命宣言中提及「公民社會」的學校，提倡「創意和文化是社會的重要資產，不只具有商業價值，更重要是為我們提供思考及批判的基石，為建構具創意的公民社會提供穩固的階梯。」

馮美華說：「學生不應該只是『為藝術而藝術』，而是透過學習藝術、或者以藝術行動，去適當地回應社會。創作本身就是人對身邊環境的一種回應。回應可以是政治的，也可以是社會性，或者文化上的、軟性一點的，譬如開拓新的藝術形式，但這通常要到大學階段才做到。在中學階段，最重要是讓學生知道真實社會是怎樣的，繼而對別人的處境產生適當的關懷。」

不准說不准

馮美華所理解的藝術教育，強調開放：「我們看過一些學校，幾十條校規，成本書咁厚！我們不要這些。因為我相信在藝術的世界裡面，沒什麼是不可以的，不要跟學生說『不准』，因為『不准』就是規範，而規範對於藝術是一種冒犯。」她說：「藝術學校應該是好 free 的，每個人都好 free。free 是很重要的。」

她認為有自由和自主，學生才能有能力反思並為自己做決定。在訪談中，馮美華一再強調創意書院要將學生當成年人對待：「我永遠不會叫學生做『同學仔』，不會説『呢個仔』怎樣、『呢個女』怎樣，never！但傳統學校的老師好習慣這樣稱呼學生。我曾經跟一個老師爭執，因為他的學生有問題，他不跟那學生講，第一時間就叫家長來；那家長來到學校，不管三七二十一就罵他兒子，罵得狗血淋頭。我也當過小孩呀，我覺得小時候最傷是什麼？是不被尊重。所以我都把學生當作大人看待，給他們絕對的自由，讓他從中學習做一個成熟的人。如果什麼都要問老師，他怎會學懂獨立？怎會自己思考？就等你餵囉。」

原本馮美華打算完全不要校規，但到了開校前半年、招請了第一屆的老師團隊後，部份老師覺得不宜全盤否定規則的存在價值；學校作為一群人共同生活的地方，基本的規矩和底線是有必要講清楚的。經歷多次商討後，他們以有否損害群體生活或阻礙學習為原則，定出以下「十大不接受行為」：

- 不合法行為
- 欺凌與暴力
- 校內或穿著校服吸煙
- 對老師或同學作不禮貌行為
- 欺騙
- 騷擾
- 粗言穢語
- 未得老師的同意使用手提電話

·在沒有合理原因下遲到、曠課或逃學

·改變天然髮色

馮美華說：「我覺得不應該用『不准』，所以這十條就只是說『不接受』，讓學生知道，我們不喜歡這些行為。那我們喜歡的是什麼呢？一間藝術學校，我們應該提倡什麼價值？」於是老師們坐在一起，想像創意書院的學生應該具備哪些特質？最後他們歸納了以下的「九大發展原則」：

·狂迷於藝術文化

·主動學習

·積極快樂地參與

·關懷人與事

·尊重個人與群體，平衡權利與義務

·珍惜時間和資源

·利用任何渠道，正面地發揮創意、勇於實踐

· 發展健康生活模式
· 持開放的態度面對事物

無論「九大發展原則」或「十大不接受行為」，都只是一種指引和提示，彰顯書院的價值觀，並沒有設定相應的獎懲制度。大家的共識是不想用威嚇及權力來對待學生，師生之間的關係應該更加平等，透過對話和商討來解決問題。

開校至今，創意書院的傳統是老師和學生都以名字稱呼對方，上下課不需要起立敬禮，教員室也讓學生自由進出，盡量消弭傳統學校裡的階級分野。

創作 × 教學

創意書院亦重視老師在教學上的自由和自主。校方非常鼓勵老師自行編寫課程、實驗新的教學方法。在馮美華的心目中，創意教育不只是通過校本課程增加一些藝術創作科目，就算應考公開試的傳統學科，都可以適當地運用藝術元素配合教學。「譬如數學，跟藝術很有關係，葡萄牙那些磁磚其實很 mathematical，有些畫家的畫是很 symmetrical 的、包含幾何學。當你知道要教哪些數學理論，可以從藝術裡找，有哪些畫、哪些作品能夠反映數學？透過分析作品，將背後的數學公式帶出來。」她期望藝術與各學科的配合可以提升學生的學習興趣，也讓學生體驗學科知識如何在實際生活中應用，互相對照、融會貫通。

書院在二零零四到零六年間舉辦了多個創意教育計劃，邀請中學生在課餘或暑假時參加。例如「達文西的數學教室」跟港大數學系教授合作，策劃了一系列結合藝術與數學的教學活動；還有結合藝術與通識教育的「互動實驗室」、結合設計與科技教育的「光速漫遊科技藝術營」等；也邀請了一些現職中學視藝老師合作，在實際的學校教室裡試行創意教育課程。每個項目完結後集合學生作品辦展覽，老師們也共同檢討和交流教學經驗。這些教學活動吸引傳媒報導，實驗教材也有結集出版，令創意書院的理念慢慢吸引了一些主流教育界的老師注意。

傳統學校裡大部份老師都因為學校管理層或家長的壓力，必須催谷考試成績；

學校為了便於監控教學水準，亦會要求老師使用統一的課程和教材，老師沒法因應學生的興趣或能力因材施教，自己的專長亦難以發揮。一般學校的管理文化也是偏向保守的，當時創意書院打出創新求變、自由自主的旗號，吸引了若干傳統學校的老師應徵，多是三十歲以下的年輕教師，對教育懷有熱誠、期望可在一間新學校裡實踐抱負。而文化藝術界亦對這間非傳統的學校期望甚殷，不少業界知名的藝術家和創作人均以兼職形式任教CPOP（創意專業導向課程）。

遲來的校舍

能夠實現理想的自由空間得來不易，創意書院比起其他十間經「高中多元化」政策而獲批的新學校，是最遲開校的。由二零零二年底取得辦學權、至零六年開校，整個建校過程歷時近四年，主要原因是資金不足。為了提供藝術專業教育，需設有舞蹈室、劇場、展覽廳等設施，但政府的建校資助只是一般正規學校的規模，且一開始並沒有承諾具體的金額，而是要提交設計圖和計劃書後再決定批出多少款項。「所以我們就不停要交 proposal，告訴他我們需要幾多錢，再等他批。每次都失望，又要再改設計，不停去改，再傾、再做。像我們那多媒體劇場，本來有個地庫是 multi media laboratory，結果全都刪掉，因為不夠錢。」馮美華說。

二零零五年校舍建設仍要一再修改圖則，辦校團隊終於決定向政府借用空置校舍先行開學：「已經三年了，當時整個文化界都期望這間學校出現，我們也覺得不能再等。」第一年只招收中四一屆學生，人數不多，政府批出紅磡青州街一家空置村校給創意書院。

那是一組平房式的單層建築，雖然破舊，但開揚；課室窗戶一邊望街、一邊望操場，校園四周綠樹林蔭，簡單質樸的美感。創校團隊萬萬沒想到，相比起設備齊全的新校舍，後來反而是這間破舊的小村校，為不少書院師生帶來一輩子的美麗回憶。

四 開校了，老師嚇跑了?!

二零零六年夏天，開校在即。創意書院在全港舉辦多場招生講座，由榮念曾、劉小康、胡恩威、張艾嘉等暢談藝術教育和創意產業發展；校董會成員和學校顧問都是藝術文化界裡響噹噹的人物，興建中的校舍由著名建築師嚴迅奇設計，如此陣容與聲勢，罕有地出現在一間中學。明星效應吸引了傳媒注目，但對於將要報讀創意書院的十五、六歲中學生，一切都似懂非懂。那些宣傳品和簡介會傳遞的，是一份朦朧的盼望：「這間學校好像跟我原本讀的學校有點不同。」

學生阿勺憶述：「最先是在《Milk》雜誌裡見到書院的廣告，後來有次搭地鐵，站在月台時抬頭又見那廣告，覺得好像跟這間學校挺有緣份的，就開始考慮。」她當時在傳統女校讀中三，成績不太好，「雖然未至於留班，但覺得自己好像不適合在傳統學校讀書似的，在學校裡就是比較喜歡做壁報、做那些跟學業無關的事。也不是很明確地喜歡藝術，只是知道原本的地方不適合，就來這裡看看會碰到什麼。」

另一位首屆學生阿帥則已升讀中四，「那時讀會計，每天上學都帶著本會計簿，有時會想，將來就是做會計嗎？好像已經預見了自己的未來，很沒意思。我好喜歡畫畫，但學校不看重，見到創意書院就轉過來重讀中四，這裡或者可以做自己想做的事。」

文鑫讀中三時的美術老師準備轉到創意書院任教，也推介他參加書院的藝術創作營：「當時這間學校給我的印象是不跟隨會考的制度，想辦一間跟政府（官津學校）很不同的……不用特別去追求好成績。我初中那間學校好悶，人人都努力讀書，對我來說好大壓力。」

阿勺、阿帥和文鑫雖然對藝術的認識仍較模糊，但有興趣，並主動選擇轉校來讀。但第一屆也有相當數量的學生是因為成績或操行問題被迫離開原校，約有四份之一是被原校要求離開，再經政府中央派位而來，部份由原校的老師和社工建議轉校。

譬如詩詠，初中常與老師起衝突和逃學，中三時曾輟學半年：「後來想再讀返書，學校社工說傳統學校好像不適合你，要不就就讀國際學校吧，但我連中三的成績表也拿不到，很難找學校。社工見到有間新學校叫創意書院，就問我要不要試？雖然不知道好不好，不過國際學校學費貴嘛，創意書院的價錢還可以，就報了。」

阿Lo則是被家人逼著來讀的，由小學到中學留班四次：「中三那時老師對我和媽媽說，再讀下去都無意思，不如轉讀一些技工學校啦。」阿Lo學期尾的考試成績勉強升上中四，媽媽在報紙廣告上見到創意書院，「好多名人推薦，又有電影讀，她就覺得幾好呀。因為我唯一一直喜歡的就是看電影。但我完全不覺得自己可以成為一個電影人。」阿Lo說：「那時我根本不想再讀書，不知道做人為乜。但我媽對這間學校很好奇，常常去書院的家長活動，我全都不參加，連開學前的迎新營也沒去。」

破掉的鐵網

二零零六年暑假的迎新營事件，今日仍在書院的新舊老師之間流傳：十來位老師與百多名中四學生一起到烏溪沙度過兩日一夜，原本希望在正式開學前，可在相對輕鬆的環境互相認識。結果創校團隊的種種教育理想，就在這裡與殘酷的現實迎頭撞上。

「第一日下午已收到宿舍的職員投訴，說有學生在廁所食煙。」嚴惠英憶述：「到了傍晚，我們覺得氣氛不對勁，老師們即刻開會。有位以前做訓導主任的老師說，夜晚要有一隊巡邏隊，因為不知道他們會在宿舍做什麼。我們去巡，發現有些學生躲在一間房，應該『啪丸』（吸毒）了，暈陀陀、呆呆滯滯的。」她苦笑：「那晚我們都沒法睡覺，完全在恐懼與驚慌之中度過。第二天早上又有職員投訴鐵絲網被人剪爛了，原來有班學生偷走出去便利店買杯麵。」

迎新營完結後，一個年輕老師嚇得立時辭職，距離開學只剩一兩天，要急忙請人頂替。

開學後，課堂秩序極度混亂。上課聊天、吃東西算小事，女同學化妝、男同學打遊戲機，甚至在課室裡踩滑板、唱歌跳舞。不少同學蹺課，有的沒有回校，回校也會擅自跑去別的班房或躲在校園暗角。有些老師講到失聲，無法上課，沒多久又再有老師辭職。

任教CPOP課程的藝術家和創作人，大多從未試過面對一班三十幾個躁動的中學生，更是完全措手不及。嚴惠英記得「環境與空間研習」科找了大專講師和建築師來教，「上完第一天的課，他們說『一生人未試過這樣挫敗』，因為學生根本無視他們的存在。那課程是港大教授設計的，但入到課室他們發覺太深了，第一日放學後急忙修改課程，開會傾到夜深。」

「開學頭一星期做了很多臨時的決定，時間表和課程全都要改。」嚴惠英說：

「本來我們有好多東西想教，CPOP是整個下午連續上三小時的，到第二個星期就把課堂時間縮短了。原先準備的課程也都幾乎用不著，每次都是上課前一日再商量教什麼。還要處理學生的紀律問題……總之不斷開會，第一個月大家每晚都開會至九點、十點，第二天早上八點又要回到學校。我累得回家時一踏上扶手電梯就睡著，電梯升到頂時撞一下才扎醒。」有老師為了爭取睡眠時間，甚至特地搬家到學校附近。

「甩難」之後

開學初期的混亂，同學們反應各異。阿勺和阿帥直言感到沮喪。阿勺說：「開頭上堂真的有點不開心，好想哭，因為我本身讀的學校不是這樣的。而自己決定轉校，對新學校都有點fantasy，覺得已經踏出這一步、沒法回頭了，沒料到現實是這麼大的落差。」

阿帥亦說：「我想像中的藝術學校形象是好好的嘛，但去完烏溪沙之後我覺得這間學校是無希望的，覺得自己好像跟最無心向學的人一齊。以前的學校裡A班是最好的，我也是讀A班，我們會看不起讀E班的人，覺得他們很遜。但來到這裡，我竟然同那些好像以前E班的同學一起，班裡肯讀書的最多只有五個人。對老師的印象也好差，覺得他們不懂教書。那時會用傳統學校的標準去衡量他們，覺得能夠控制到所有學生乖乖上課才是有料到，落堂我就向老師反映，告訴他應該怎樣控制場面。那老師說這是什麼新的創意教育，叫我慢慢習慣，我不太能接受這個答案。」

曾經讀過 Band 3 學校的虹仔則覺得這些場面很「小兒科」：「我以前學校常常都有人打架的，現在他們只是不肯上課，我覺得好平常啦。」據老師們憶述，當時書院學生的暴力行為的確不多，主要是拒絕學習或挑戰權威。詩詠記得：「有一次老師突然說課室不准拉窗簾，因為太暗同學會睡覺。但開學時也說過課室可以讓我們自己佈置，可以漆上喜歡的顏色。結果有些同學就買了油漆回來，把窗玻璃全都塗黑。」

也有很多只是純粹的惡作劇：「有同學總是七點鐘就回到學校，用魚絲串連起整個課室的桌椅和物件。你想想，這樣做需要花多少時間？然後當我們回來被魚絲絆倒，他就很開心了。」詩詠笑說：「好奇怪的人！我還記得有些女生上課時會剪頭髮、貼假指甲，有人用了AA超能膠來貼，結果沒法拔下來，超低能！笑到我肚痛。我覺得他們其實不是壞，是『Kai』（做事不經大腦）囉！」

阿Lo這樣解釋當時自己和一些同學的心態：「我們十幾年來都是在傳統教育模式下長大的，傳統到一個地步，以前放學是不准在學校附近徘徊的，訓導老師會去商場捉人，罵我們『在這裡幹什麼？無所事事在麥當勞坐？走！』連上學穿的白襪也規定長度，短了一點都捉。然後你突然來到這裡，原來可以咁自由？我『甩難』了，怎會咁快同你去學藝術？我去做『甩難』的事啦。」

同學們「甩難」後想做的事，有些是抽煙、夜蒲，有些是逃學，有些是化妝打扮、把校服裙改短，然後少男少女免不了的，就是談戀愛。「咁多男同學、咁多女同學，她們的裙又短，哪有心機讀書？有拖拍當然是拍到盡。」阿Lo說：「那時我的負能量好重，覺得自己讀不成書，不知將來怎麼辦，也看不到讀藝術有什麼用。我來讀只是因為父母認為至少要讀完中五，想快快讀完打份工就算了，哪會有心情去學習？」

重新出發

創校團隊事前並非完全沒有準備：第一屆的招生程序甚為仔細，除了面談之外也有創作環節，老師即場給題目，同學做完作品再講解創作理念、回應提問，過程需時大半天。「如果講創意，其實這些學生的作品真的好有創意，第一屆學生是最creative的，很多現在仍從事創作的，都是第一屆的同學。」嚴惠英說：「至於成績，我們那時已見到是差的，也預料到他們不會是很乖那種人，但就不知道實際的情況會怎樣。」

對於初創期的失序，她歸結於創校團隊缺乏中學教育的經驗。書院的課程設計委員會由一群創意業界內有豐富資歷的人組成，但此前香港未曾有一間提供這類課程的中學，他們大多只教過大專程度的學生；而整合課程規劃的嚴惠英和其他同事，也是藝術文化界出身，並不熟悉如何跟青少年相處、如何經營中學的課堂。開校前為試驗課程，也辦了一系列以中學生為對象的短期創作班；沒料到參與其中的學生與最終報讀創意書院的學生，類型和狀態都有很大分別。

會在課餘時參加創作班的學生，學習動機和學習能力都較強，對藝術有興趣，但同時也能應付傳統學科，一般傾向留在原本的學校繼續學業。來報讀創意書院的，很多是在傳統學校裡不如意、捱不下去，或許是成績不好、應付不了學業壓力，有些有讀寫障礙等特殊教育需要，有些與老師同學相處得不愉快，並同時受家庭問題或情緒病困擾。

有一部份學生真心喜歡藝術，但在催谷考試的傳統學校受過不少壓迫和挫折，覺得「學習」很痛苦，也不信任老師。嚴惠英說：「原本籌備工作是設計教案，滿心想著要教他們各樣知識。但最後收到的學生，其實根本未準備好去學習，他們只是想找一個避風港。也許他們過去受過好多傷害，需要一個地方，像焚化爐也好、垃圾桶也好，要將過去種種負面的東西吐出來，才可以談其他。」

馮美華不願多談初創時的辛苦或落差，她更著緊為這群年輕人辯護：「其實是好悲哀的，一年收百幾個學生，我當有三十個是因為家裡有錢有選擇所以轉來讀，有八十個學生是因為自卑、覺得不如意而要離開原本的學校，這個比例是好悲哀的。他們這樣年輕，為何這麼快就被人打沉了？教育是所為何事？我不會理人家說什麼『無人要的學生才來讀』，因為只要他入來，我就可以做嘢。他們以前這麼多痛苦經驗，一直都無人尊重他，當然會又食煙又無心向學。他是否從第一天開始就是這樣呢？肯定不是。他來到後，我們怎樣去 deprogramme 他，幫助他改變，這就是教育的重要性。這個世界上沒所謂『籮底橙』的，需要是適當的支援。名校都有『籮底橙』呀，間間學校都有，考第尾那個是什麼？那些才最慘，死了都無人知。這些年輕人才最需要人理嘛。」

學校開了、學生也收了，留下來的老師也就盡力想辦法把學生教好。由於初時連課堂也無法順利進行，處理學生的行為問題就成了當務之急。漸漸地，老師們發現學生反叛或拒絕學習的表象背後，是成長過程中積累的各種不安和挫敗。如何協助他們面對問題、重新出發？

第一步，便是要重建學生對學校和老師的信任、以至相信自己可以成為一個有能力變好的人。

第二章　懲罰以外

一　教育是開發

幾年前一段網絡瘋傳的影片：少年搭巴士時用袋霸佔著隔鄰座位，不願騰出來讓別人坐。有乘客出言指摘，雙方口角，過程被旁觀者用手機拍片放上網，少年很快就被網民「起底」查出是創意書院的中五學生。翌日一早，記者守候學校門外，網民的投訴信蜂擁而至，在網上責罵甚至電話滋擾這少年。

馮美華跟那學生談過，讓他明白自己的過失，他亦向乘客道歉了。「可是全世界都在追逼他，那由我承擔吧。」她對記者說：「不僅學生做錯，是教育出現問題，是我教得不好，他才會做出這樣的事。我們不如討論一下怎樣教好年輕人吧。」

「那些記者都肯聽我講，因為這真是我肺腑之言。但有些市民還是繼續跟蹤那學生，一直打電話來問：『你打算怎樣處理這件事？』我說我跟學生談過了，叫他不要再犯，我們會繼續努力教育他。對方仍然不滿：『那你打算怎樣罰他？你即是無罰那學生吧？我去跟記者講！你這些說話我都錄音了！』」

「他們好像要我將個學生吊出來公審般：『看，他現在受罰了！』」馮美華連連搖頭。據創意書院老師解釋，那學生向來不懂與人溝通，在舊校也曾受欺淩，馮美華有點氣：「再這樣下去，難道想逼到他跳樓？從這件事我看到那些人懲罰的觀念好重呀，就要你『死俾佢睇』，好恐怖的。」

罰出問題來？

做錯事就要被老師罰，香港的學生和成年人都是這樣成長過來的。學校懲罰原意是透過不愉快的經驗警誡和阻嚇學生，將他們的行為導向正軌，換言之，懲罰是手段，教育才是最終目的。但這種手段是否有效？還是像一些教育心理學的研究指出會有反效果？

創意書院不要懲罰，是馮美華在開校前已定下的原則——創校之後雖面對種種學生問題，立場仍沒改變。她從這些躁動不安的學生身上，見到傳統學校強調懲罰所帶來的副作用。創校首年入讀的詩詠，正是懲罰造就成的「問題學生」。

詩詠小學就讀著名女校，由幼稚園到高中都可以「一條龍」原校升讀。她記得小學二三年級已經要溫書做功課到凌晨一點，一直吃力地應付。小學四年級有次老師宣佈下星期默書，她剛巧不在課室，事後同學也忘了告訴她。她沒溫習，結果不合格。

「那間學校所有默書測驗都計分，要跟其他班比較。我讀的是精英班，老師更加緊張。」因為默書不合格拖低了全班的平均分，老師要詩詠當眾道歉，並且罰她不准在班裡上課，要到別處自修。詩詠很不忿：「不知那裡來的決心，從此以後我就每次都不溫習、不合格。你說我拖累你？我就拖累到底。」

反叛日子

同學們覺得她的反抗很無謂，老師和父母都很生氣，明明從前成績很好，為何忽然不聽話？她自己也好大壓力：「媽媽說有日我從夢中驚醒，哭著跟她說要自殺。那陣子剛巧有幾宗學童自殺，媽媽好驚，立刻幫我轉校。」

新學校氣氛自由，師生關係融洽。詩詠順利讀完小六，中學被派到另一間校風傳統的女校。母親問她：「你能接受嗎？」詩詠當時想：「都長大了，這三年也好端端的，應該沒問題吧。」不料開學沒多久，就被訓導主任罵：「幹嗎剪短頭髮？你不是TB（女同性戀者）吧？」她忍不住反駁：「我覺得好熱所以就剪短囉。為什麼短頭髮就是同性戀？長頭髮就不會？」學校又不准學生用名牌書包，「你以為名牌是指LV、Gucci啦，點知我用Nike都算！他真的沒收了我的書包，然後拿一個惠康超市膠袋給我裝著書包裡的物品。我說惠康不是名牌嗎？為什麼可以用惠康、不能用Nike？」

詩詠中一、中二那兩年讀精英班，升中三時考試成績差一名沒擠進去，後來才知道比她前一名的同學轉了校。她忿忿不平：「即是明明還有一個名額，就是不准我入精英班。但普通班的老師總是把同樣的內容反覆教好多次，我已經學懂了嘛，就在課堂上做自己的事，於是常常被罵。」

逃學也難

詩詠在校外交上男朋友，開始逃學。她想得簡單，既然上課學不到什麼，那就不上課好了。「但在香港，不上學好大件事。你連在自己家樓下出現都有問題。譬如星期二下午三點，你是應該在學校的嘛，那些街坊見到你就會問：『怎麼你不用上學？』你說學校放假，『那為什麼別人都要上學？』你說請了病假，又會問你什麼病。」然後街坊一傳十、十傳百：「某某的女兒有問題，總是不上學的。」

父母受不了旁人議論紛紛。有晚詩詠回家，父親壓力爆煲，氣得拿起刀子。她很害怕，更常離家出走。

「其實逃學都好無聊，不是去公園、就是去朋友家打麻雀。」有天詩詠覺得這樣下去不是辦法，難道一世做街童？於是再回校上課，卻難以面對別人的眼光。「同學之間言之鑿鑿的，說我沒上學是因為十月懷胎、連孩子都生出來了。老師又當你是怪人，我想回校參加考試，他說可以，但要分開考，不准跟其他同學一起。」

不回家，不要緊

詩詠被診斷有抑鬱症，父母打算讓她轉校，看能否解決問題。但她整個中三都沒怎麼上學，沒有畢業證明，沒有學校肯收，第一次到創意書院面試後也被拒絕了。臨開學詩詠媽媽再向書院求情，老師答應試試。可是轉校初期她仍不時逃學和夜歸。有次逃學被母親發現了，這下子母親真的崩潰：「怎麼轉了校你還是這樣？」

「於是我又不敢回家了，搞到阿媽這樣子，怎樣回去呢？」詩詠說。她的中文老師劉天明先打電話安撫母親，再到公園找詩詠，跟她說：「不回家不要緊，但你要讓媽媽知道你安全。」

「『不回家不要緊』！我永遠都記得這句話。」詩詠說。

「以前不上學或者不回家，因為大家覺得你好有問題，於是更不想面對，驚阿爸阿媽鬧，或者覺得這個家好煩，要離開。但天明卻跟我說，不要緊，每個人都會遇到問題的，只要你願意去解決，那些就不是問題了，在外面安靜夠了你就回家吧。當時我覺得這間學校的老師好奇怪呀，從來沒有老師會跟我說『不回家不要緊』的。反而覺得回家也不太可怕，其實不用逃避啊。」

後來詩詠沒再離家出走。她雖然算不上用功讀書，但學科根底不差，會考後順利升上中六。在創意書院的四年裡，發現自己很喜歡籌辦活動，「fashion show 啦、open day 啦、戲劇表演啦，什麼都去做。同時間好多搞作，好忙。」畢業後讀了兩年副學士，便投身藝術行政工作。

眼前的她，自信自在地朝著目標前行，已不再是那個躁動不安的輟學少女。

正常？異類？

詩詠提到，中三那年情況最差時，她和家人曾被轉介給中大社工系一位專門研究輟學的教授，跟進輔導並作個案研究。在那裡詩詠認識了幾個處境相近的家庭，「我已經不算嚴重，其他人幾乎都患了精神病，個個都要轉校才好轉。」詩詠覺得香港教育最大問題是有一套「正常」標準：「稍有偏離，社會便會認定你是壞學生，連家人也要面對很大壓力。但現在回望，其實我們也不是幹了什麼大壞事呀。」

青少年被要求做「正常學生」的壓力無處不在。網上討論區每逢提及創意書院，總會有人留言說這間學校的學生抽煙、染髮、「著到鬼五馬六」，一副不良青少年的樣子。家長會問：「這樣『無王管』真的好嗎？都唔係讀書嘅！」

「我們真的要用高壓手段，也許可以壓制得住，但我們選擇不這樣做。」創意書院的老師曾宇霆說：「出面的人常覺得我們的學生是『爛仔』，我不同意。其他學校的學生難道不講粗口嗎？他只是不在你面前講而已。病要發出來才有得醫。我寧願讓學生展示自己真實的樣子，我看到問題在哪裡才有機會入手。就算這樣會帶來一些麻煩，都是必經的過程。」

曾宇霆在創校第二年加入創意書院。當時書院收生困難，收了一些經政府中央派位的學生，他們大多來自 Band 3 學校，學習和操行的問題都最嚴重。曾宇霆身為班導師，覺得這些學生沒旁人想像中那麼難處理：「其實他們壞極有個譜呀，他們不會打你的，這些年來都沒發生過。我聽過有些 Band 3 學校的老師要戴頭盔返學，那些同學的暴戾，就是因為太壓抑。他們成長過程中一直活在弱肉強食的世界，『兇人』、『曬馬』其實都是 defensive。來到這裡，他發覺不需要這樣，我們又不會拿你怎樣的，感到被包容，戾氣普遍減低，人也變得善良講道理一點。我覺得我們的補底工作紓緩了不少衝突的張力。」

信任為本

詩詠以往的老師標籤她為問題學生，不但令她陷入情緒困擾、放棄學業，也激起對老師更大的反抗；書院老師劉天明能夠把她拉回來，關鍵在於分開「問題行為」及「問題學生」，沒有因為學生做了「問題行為」（逃學、離家出走）而否定學生本身。對詩詠來說，劉天明是陪伴她處理問題的人，而不僅是站在對立面指摘的老師。「教育是一種開發，而不是一種管束。」現時任職副校長的劉天明說：「我聘請老師時，最重視他們對學生、對教育抱持什麼態度。如果他覺得學生是『問題』，要管理、要約束的，我不會請。我希望老師能夠見到學生有什麼潛質、有條件可以做什麼事，正面看學生。」

在一些傳統學校裡，較開明的老師會採用彈性手段：如果學生表現夠成熟、自律，就給他們多一些自由和自主；若學生的表現不佳，則用更細緻的規則去約束和教育，創意書院並不一樣。

馮美華的教育想像是反過來的，一開始就給予自由和無條件的信任。她認為若想學生變好，信任是先決條件：「你相信他們，他們就會相信自己。如果你不相信他們，他們就真的不能被信任。」即使後來被學生欺騙過，她仍很堅持這點：「我在管理上的第一大前提就是相信人性本善，相信人性本惡，就會構思好多規則。所有學校一開學都是去定規則，想怎樣對付學生，但我不會，我覺得學生是善良的，我想的是怎樣 facilitate 他學習，怎樣他才會覺得學習是快樂的？如果他表現不好，譬如經常遲到，那我怎樣才幫到他準時返學呢？」

一定要返學！

無條件的信任，並不是所有老師都能做到。開校前大家雖同意減省校規、不以威權及懲罰去處理問題，但當開學後秩序一片混亂，老師道理說盡，學生仍然失控，還可以用什麼方法？有老師就曾經提出要滋事學生停學，馮美華反應很大：

「不讓他回校？那他怎樣學習？無人照顧他，他去遊戲機舖呀、去麥當勞坐、去吸毒都得啦。出面的社會這麼混亂，怎可以將他放逐出去？正正就是以前的學校經常要他停學，他才會變成這樣，你現在還要他停學？不行！要返學！他可以不入課室，讓他來我房做功課。」

結果老師們搞不定的學生，都交給馮美華親自看著。她會跟這些學生談，了解他們的生活和興趣，有時介紹適合的書和電影，學生看完寫讀後感，一起討論。在一般學校，停課或停學可能是把問題學生與其他學生隔離，但「到 May Fung 房做功課」卻幾乎是一種「優待」。創校第一年在青州街校舍，馮美華和嚴惠英的辦公桌就設在圖書館裡，搬到新校舍後則在學校地下的一間大房——她們的房間一直都像學校裡的社區中心。一般同學在課餘時、上課時想逃離班房，都會到那裡聚腳。

「阿 May 的 office 好歡迎學生。」虹仔回憶：「有幾張梳化、一個茶几，得閒去飲咖啡。我自己都常常去，聚在那裡的大都是熱衷藝術的同學，有時一起聊聊自己的作品、拍片、drama，或者純粹消磨時間，May和Eno（嚴惠英）做自己的事，也會留意我們的對話。你感受到他們關懷學生，不是苦口婆心的，而是聽見我們太囂張就説我們一兩句。他們是有智慧的人，你會很想待在他們的身邊，好像也可以從中分享到一點智慧。」

成就他們

虹仔在Band 3學校讀到中三，成績不好被踢出校，轉到另一間學校，讀了一年中四又要留班，就沒再讀書。社區中心有輔導項目協助輟學生，他在一次活動裡接觸到戲劇創作，很喜歡，知道創意書院可以讀戲劇，因此來報讀。他看到書院對待學生犯錯的方式很不一樣：「我那時的班主任是Connie，懲罰你的方法就是讓你承擔一些責任，譬如要你幫學校搞活動。」他試過帶PS2遊戲機回校，還擅用課室裡的投影設備跟同學們一起玩，Connie發現後就要求他參加英文朗誦比賽。

通常其他學校只會派優等生代表學校出賽，但 Connie 認真幫虹仔練習，結果拿了第二名。「重點不是那個獎，而是我的英文這麼差，沒想過自己可以做到。」

「在以前的學校，讀書成績不好，又沒動力改善，老師真的會放棄你。總之你搞事我就訓導你，你不搞事我就不理你。若你不能考高分、入大學，就準備自動消失吧。其實同學最需要的是有個人會對自己有期望，就算罵，也是關心，令學生覺得生命還有希望。」虹仔說：「我還記得中三時去 camp 寫我的志願，我就寫廚師，咁囉。這樣說不是要貶低廚師，而是那時我覺得，我就只能這樣了，不會有什麼選擇。」虹仔現在已從台灣的大學戲劇系畢業，投身劇場工作。

「你要真的把學生當是一個人，知道他的強項弱項，然後幫助他成就一些事情。」馮美華說：「講返我自己，為什麼肯學習呢？就是因為老師鼓勵我：May 你好犀利啊，知道那個國家的首都在哪裡。哇，之後我就去學所有地方的首都啦。對學生，我鼓勵、尊重。我知道他們是曳的，就接受他們是曳的。你要好有耐心，在他這麼多不好的表現裡，找一個位他是強的，讓他去發揮。我見到我們一些畢業生，其實沒做什麼大事，但他們相信自己，不會自卑，不會覺得自己差過人，就是因為我們在教育過程中對他很尊重。一個人能夠學識尊重別人、相信自己，已經足夠。」

二 人本與制度

創意書院不相信統一的罰則能有效處理所有人，不少老師傾向人本主義的教育方式，相信每個學生都有獨特的個性和背景，就算犯了同樣的錯誤，背後動機亦不相同，應採取的介入手法亦不一樣。

一般香港學校會沿用「三進位」的制度：學生犯錯，按程度不同會被記「缺點」、「小過」和「大過」；三個缺點等於一個小過，三個小過等於一個大過，累積滿三個大過就要被踢出校。創意書院開校之初，所有學生問題都透過輔導和面談解決，唯一的工具是稱為「個案紙」的處理機制。學生如有較嚴重的行為問題，老師會發給他一張「個案紙」，記述事發經過、事後師生面談的要點等。學生累積三張「個案紙」，書院便會召開「個案會議」(case meeting)，所有有份教他的老師都會出席，討論學生問題的解決方案、包括屢勸不改的學生是否要離校。

創校早期的會議文件對「個案會議」的人本精神有這樣的闡釋：

「我們要處理的不僅是學生犯事時的行為，更重要的是犯事後站在我們跟前的那些活生生的學生，以及他們可能後悔、可能不後悔的心靈；不僅僅是他們過去的犯事的事實，而且是他們未來改變的可能。……要求犯事者為本身的行為負責，例如殺人者死、偷竊者下獄、遲到罰抄，這種方式也有一定的教育性，不過主要是外在的，例如通過罰抄的外加後果阻嚇犯事者再犯同樣的事……對教育者而言，犯事者負責任固然重要，在未來是否再犯更加重要。而影響未來是否再次犯事的，除了事情本身的結果和外加後果之外，主要的是犯事者身處的大背景之中的支配力量（例如家庭破碎），以及他在犯事後的感受和反思（例如不安、悔意）。而這些，正正是在與家長及學生面談時有可能呈現的。」

人本教育依靠師生之間深入及真誠地溝通，個案會議慢慢發展出一套不成文的、稱為「攬學生」的機制。「當討論到學生的去留時，只要有一個老師願意擔保，說他還想再試、還想再跟那學生談談，其他同事都會讓他試。」現任副校長陳婉芬說：「直到所有老師都覺得對這個學生無辦法了，才再替他找其他出路。我們很重視學生能否在學校裡找到可以溝通的人，就算他跟某校工很談得來也可以的。雙方能夠真誠地溝通，才有機會改變。」

形式的反思

人本的處理手法不容易拿捏，個案會議是否有效，關鍵是能否營造真誠溝通的氣氛，讓師生共同面對問題。但老師未必時時都能控制情緒，通常個案會議都是有老師覺得問題嚴重到無法獨自處理才召開，老師的沮喪或不滿已經累積了一段日子，可能就在會議上爆發出來。「有時會出現一些爭拗或者晦氣說話：『你這個人我都是處理不到的了！』、『我頂唔順喇，由得佢啦！』學生又會覺得『你針對我囉！又不見你鬧其他人』，『我根本不是這樣』……」老師馮世權說：「如果落入這些情緒位，學生的情況就難以改善，這應該是一個平台把問題攤開來傾。」

沒有「情緒大爆發」的個案會議也未必是好事，可能只是其中一方把真實的情感和想法隱藏起來。所有有份任教、或關注該學生的老師都可以出席個案會議，學生一人面對多位老師，可能無法坦白表達，也可能不滿私隱被公開。

現任校長謝國駿坦言這問題近年漸趨明顯：「開校初年因為學校人數少，師生關係較緊密，所有老師同學都很熟稔，大家坐在一起談，學生會相信老師是出於關心。但這一代學生對別人的批評比較敏感，如果再加上本身與老師關係不好，那出席會議就會覺得好像被一人一句數落，令關係更惡化。」本來舉行個案會議是為了不想用單一懲罰解決問題，但當成為制度之後，亦慢慢公式化，以致「被召開個案會議」就是一種懲罰。「所以現在有些我主持的個案會議，未必會叫學生出席。」謝國駿說。

個案會議中也衍生出「承諾書」：當學生問題嚴重到可能要離校，有最後機會讓學生簽署「承諾書」，設定目標改善自己。這有一段觀察期，期間學生每天要取得幾位老師簽名，證明遵守承諾，行為和態度有改進。若有老師認為學生的表現與承諾不符，不願簽名，學生便要離校。

比起累積滿三個「大過」就要自動離校，這種做法雖然有較多輔導和協商的餘地，但老師李以進亦質疑：「每天要去問老師『我今天的表現可以嗎？』，老師話 ok，就給他簽名，簽夠了就無事，好像你要 perform 成為一個老師滿意的人似的，其實學生也可以虛偽地應付。」

大茶樓

在書院首年，李以進班上女生阿敏因為遲到次數太多、上課嘈吵和脾氣暴躁，多次承諾改善而沒兌現，很多老師都主張要她離校；但李以進覺得阿敏本性不壞，力保她留下來。李以進與另一位相熟的老師提議阿敏創作一支舞蹈，花了很多時間陪她構思和排練，最後在校內舉行一次小演出。「我們嘗試讓其他老師看到，阿敏也有一些好的特質。舞蹈是一種自我表達，比起個案紙或者簽名豐富得多。那不是去求別人怎樣，而是真的成就一件屬於自己的作品。」

後來這種以藝術手段介入學生問題的做法變得更有系統。創意書院第四年時增設每星期一次「公共自由時間」（Public Free Time），師生都可利用該時段自由活動，李以進聯同幾位藝術老師推出「大茶樓」環節——因為個案紙是黃色的，有很多格子供填寫資料，看起來就像茶樓裡的點心紙。因犯錯而收到個案紙的同學，會在「公共自由時間」裡被剝奪「自由」，送去大茶樓進行老師安排的活動。

「我們想氣氛是好笑、帶點『gag』的，希望也有少少阻嚇作用。」李以進說大茶樓裡的任務通常跟同學所犯的過錯有關：譬如有同學上課時不肯坐定、常騷擾他人，任務就是要坐定定做模特兒，讓其他同學畫人像畫；有些人不帶課本上課，就要去圖書館幫忙包書；「走堂」（蹺課）的同學要去跑步、抄功課的同學則要練習書法；也有些任務是練畫功的，像畫直線、設計條碼樣式等。「這類 craftsmanship 的練習都是他們嫌悶不肯做，但任務本身是有意義的，不只是罰站、罰抄，而是想他寫到一手好字。試過有人明明畫夠了，但覺得反正已畫了半堂課，就留下來繼續畫。有些作品質素也不錯。」

不過，大茶樓辦了兩、三年後，負責主持的老師相繼離職，沒有延續下去。

輔導有盡頭

近年創意書院不再使用「個案紙」，改為統計出席率、遲到曠課次數、各科老師評核的學習態度分數等資料。若學生的表現低於某個標準，便需召開個案會議。但學校管理層亦強調數據只是警戒線，提醒老師要採取行動關注學生的狀態、協商改善方案；核心精神仍是著重面談輔導多於懲罰，「攬學生」的機制亦依然沿用。

輔導始終沒法解決所有問題，每年總有十來二十個學生被開除離校。談到這些個案，馮美華難掩失落：「什麼方法都試過了，如果經過這樣長時間的照顧，仍沒改變，以至連一個願意擔保他的人都沒有，那真的沒辦法，唯有要走。通常不會一開始就這樣的，屢次令人失望，才去到這地步。這些學生走時我好心痛，但都要尊重老師的集體決定。而且有些學生真的要你放棄才會醒悟。有一個走了之後，每年都發短訊給我，說要再考入來。我說好呀，好歡迎，但他又沒有那份決心。」

也有學生離開是因為找到更適合的地方：譬如有些學生進入社會工作反而變得更成熟和有目標，有些學生問題根源在家庭，可能最需要的不是一間藝術學校，而是離開那複雜的家庭環境，書院曾轉介這類學生往教會興辦的寄宿學校或院舍。

一些學生屢勸不改，可能是測試老師的底線——「沒有被罰的話就是可以做的」；以致有受訪老師也提出心底的疑惑：「我們彷彿沒有章法，就是不斷照顧學生、愛錫學生，到一個地步沒法再愛了就叫他走。那究竟我們想學生成為一個怎樣的人呢？」

書院首兩年負責訓輔導的老師陳偉倫說：「有時我理解、但未必認同的是，這間學校對學生好多 empathy。有 empathy 是應該的，但不可能沒有底線。當學生一再犯錯，應該要走了，有老師又說：『但他的藝術好好啊』，或者『他離開這間學校就沒地方可去了』。今次這個老師『攬』、下次那個老師『攬』，於是他一直還在學校裡。其他學生看在眼裡，會怎樣想？」

「我相信人要對自己的行為負責任。我們不停地『攬』，可能真的會令學生誤以為犯錯是不需要負責任，而我不覺得這是好事。」

在馮美華眼中，規則綁死創意，但本身是視覺藝術老師的陳偉倫說：「創意就是在規範裡找出最大的空間。這世界上任何地方都有規範的，無一個展覽、無一場演出可以無規範。就算你不用舞台，你在大草原上做表演，草原這個環境都會對你的表演構成規限。」

陳偉倫的想法亦有其他老師支持，甚至有些學生自己都會說：「自律很難啊，其實我也需要有人逼一下。」

書院第二、三年，老師們開始討論應否訂立懲罰的規條，並有了第一條、也是至今唯一一條附帶懲罰的校規——關於遲到和曠課。

三 不一致的公平

「規矩就好像天橋上的欄杆，你行天橋時未必需要扶著它，你自己都行到。但如果一條天橋是無欄杆的話，你個心會好驚。沒錯你一樣可以行，但你心理上會有影響。規矩就是能讓人安心去做事，你知道這樣做是有問題的、那樣做是無問題的。」陳偉倫形容。

規則也可以是令群體順利運作的基礎，劃清了界線，每個人便能在互不影響別人的情況下實踐自己的最大自由。然而這一套想法要在創意書院落實，非常困難。強調人本主義的學校文化，不止體現在對學生的關顧上，也重視每一位老師的自主權和酌情權，以致老師們很難在規則上達成共識。

簡單如是否准許學生在課室內進食，便由書院第一年開始，爭論多年都沒法執行。

進食之爭

「為什麼會有爭拗？因為我們沒有假設上課是不應該吃東西的。」老師李以進說。書院學生不只會在上課時吃零食，還會吃魚蛋燒賣、車仔麵、速食早餐，可能幾個朋友一起開餐，吃麵時還要發出「雪雪」聲，整個班房都是食物的氣味。「有些老師認為不應該讓學生吃東西，氣味好影響上課。有些老師就會說，香口膠總可以吧？然後又會有人提出，我們讀大學時都拿著咖啡入課室啦，也不見得會影響學習，為什麼歧視，覺得咖啡香就ok，麵香就不行？哲學爭拗似的。」

李以進會讓學生吃東西：「我沒法證明讓學生吃東西不會影響學習，但我覺得就算不准他們吃，都不代表他們就會認真學習。」有些老師視情況，譬如學生因為中午忙著籌辦活動，來不及吃午飯，就會讓他吃；沒有合理解釋則不准吃。不同學科的課堂可以有不同需要，一些藝術設計的科目，課堂上學生各自落手做模型、畫圖等，吃零食並不影響專注力，反而能幫助學生「充充電」，持續投入手邊的工作；然而數學或語文課，進食就較為影響學習氣氛。

為何不能讓老師自行決定？「因為對一些老師來說，如果你准學生吃、而我不准，我豈不是顯得好衰？學生會講閒話，會將老師拿來比較：『某某老師都准食啦，為什麼你不准？』」李以進說。所以實踐起來會發現，如果不是一致地執行，就等於無法執行。但勉強所有老師一致，又會影響每個老師在自己課室裡的自主權，於是這問題多年來都沒有共識。

遲到之辯

書院更難解決、以至最普遍的學生問題，是遲到。

情況最嚴重時，早上第一堂課接近三分一學生未回校，上課期間學生才陸續回來；每次有人進課室都得花時間安頓，可能還攤開早餐嚴重影響教學。書院第一、兩年靠面談輔導不但無法改善，甚至有惡化趨勢，第三年書院首次定出懲罰性的規則：「遲到曠課逾二十次要離校」。

此前遲到曠課次數是每年年尾「升留班會議」的考慮條件之一，二十次是一條警戒線，超過二十次便可能留班，要開「個案會議」。而「個案會議」上，老師們覺得能做的都已做過了，就要決定學生是否需要離校——「遲到」、「二十次」、「離校」是有關連的，「遲到曠課逾二十次要離校」是把以往有商有量的彈性做法，劃一和制度化。

當老師連「上課能否進食」都沒法達成共識時，「遲到要把學生趕出校」就更帶來無法調和的理念衝突。

當時老師之間有不同立場，最開放的一些覺得遲到根本不是問題。馮美華在學校創立之初，就提出要將學生當作成年人相待，部份老師將大學的教育理念套用到創意書院裡，認為學生只要在功課考試上表現達標，就可以自行決定用什麼方法獲得知識，包括是否要上課、是否按課表規定時間出席，這才是真正的自律和自主學習。也有老師認為遲到反映課堂太沉悶、不足以吸引學生，應該從改善教學著手，令他們充滿期待地自覺回校，才是治本。

一些老師認為遲到是學生問題，但對處理手法有異議。譬如老師陳上城很反對劃一處理：「我覺得目標要令學生學懂負責任，而『二十次』只是一個工具，守時需要訓練，但是否三個月內學不到就要趕他走？」他見到有些學生成長中一直沒有守時的觀念，改掉壞習慣需要時間；也有些學生很「懂」制度，有辦法弄到醫生紙或家長信請假，只是硬性規定，有機會踢走一些更值得給予機會的學生。

老師曾宇霆則從原則上反對以懲罰來處理遲到：「校規應該是一些為了確保我們在學校裡可以共同生活的基本原則，例如不可以打架、偷竊，直接地損害到群體裡其他人的權益，才要受罰或要走。遲到曠課我覺得不屬於這範疇，學生付出多少努力學習，有沒有上堂、學習態度怎樣，只需在成績表上列出來就可以，與離校無關。我也懷疑有幾多學生會因為好驚遲到被罰，於是明白到守時的重要、進而在生活的各個範疇上都可以守時？」

另一方面，有些老師覺得學生不是不知道守時重要，只是人有惰性，沒有後果便沒有動機逼自己準時回校。不少學生坦認以往在舊校不敢遲到，因為會被訓導主任責罵，來到創意書院才鬆懈。「我也不想用後果來逼學生改，但你有沒有辦法令他們發自內心地認同守時這個價值觀？」副校長陳婉芬說：「有些學生明明是可以守時，例如放學去返兼職，因為有後果，遲到會被扣勤工、會被炒掉。你放學要他留低，好『大罪』的，我試過啦，個學生不知幾惡：『我要去返工呀！』」

失效的制度

經歷長久的爭論後，老師們還是開始試行「遲到曠課逾二十次離校」的規定。幾個同學因而被請離校後，有學生爭取修改為較寬鬆的處理方案，書院在第四年舉辦正式的公投——全體師生投票後，仍是「遲到曠課逾二十次離校」的方案勝出

（詳見第三章）。尊重公投結果，老師們曾放下理念分歧，比較嚴謹地執行這條規定，公投後大半年是頗有阻嚇作用的，其後又鬆懈下來。

原因之一，是實際執行時的技術問題：老師無法準確點算遲到次數。有時學生依時回校，但沒進課室，躲在某些角落裡與朋友閒聊、睡覺、看書看電影，老師在課室裡點名的出席紀錄便與學校門口學生拍卡的紀錄不符。有時學生回校又忘了拍卡、忘記帶卡，甚至一些老師的點名紀錄也比較粗疏。沒有可靠的數據，處罰時就有爭拗。

與此同時，亦有不少老師理念上始終無法認同這條規定，執行得較寬鬆。而且「攬學生」的制度仍然存在，時常有學生遲到曠課超過二十次、甚至三、四十次，仍因為有老師「攬」而留在學校。

有規則而執行不善，影響可能比沒有規則更壞。一些學生覺得混亂：「一個老師說可以、另一個又說不可以，即是怎樣？」亦有一些學生看穿了老師之間的分歧，會耍小聰明，知道只要爭取到有權力的老師認同，他肯「攬」我，遲到幾多次都不會有事。

酌情權原為了體現以人為本，但缺乏標準，對學生是很壞的示範。老師劉雨鈿說：「有些同學本來認真看待二十次的規定，但別人卻取笑他：『我們個個都遲到啦，何必咁緊張？』當他趕回來時，可能會想，不如放慢腳步吃個早餐才回去吧。」老師布正峰特地看數據：「有個同學遲到曠課九次，當中七次都是跟另一個同學一起的，你說有沒有影響？有一派老師認為要靠輔導去改變學生的內心，但實驗證明是改變不了，好多遲到幾十次的人，被人『攪』完還是毫不在意地繼續遲到。我相信帶頭搞事的人走了，其他人會有較大機會變好。」

遲到本就列入「十大不接受行為」裡。雖然學校沒懲罰，但學生心底裡是知道是不對的，但有了這條規則後，「二十次」在學生眼中卻慢慢變成一種權利、一種被許可的機會。老師陳婉芬說：「有一日我罵學生，你遲到還去買早餐？沒料到他說：『我因為買早餐才遲到的。』我幾嬲呀！他在排隊買早餐時，其實知道快要遲到了，都不離開，因為他覺得吃早餐比較重要。」

她續說：「現在真的好無意思，二十次遲到曠課，由即刻走、到考慮走、到有學生五十次仍安然無恙，其實制度已經『玩完』。學生繼續遲到，學校沒什麼可以做。學生繼續不穿校服，大家又隻眼開隻眼閉。有些老師想認真執行，就會被學生兜口兜面說：『哦，原來我跟著個執得好緊的班主任囉！』『你看隔籬班，做什麼都可以，做什麼都無人捉的。』同事都不想再執行了，沒辦法取得平衡，因為有些老師不是要跟你鬥氣，而是理念上真的覺得這些事情不重要，你怎麼改變得到？」

求同存異

「創意書院的困難，就是你不可以斬釘截鐵。」馮美華說：「無論做什麼都需要好多 negotiation，與家長協商，與學生協商，老師之間也要協商，每次都有不同的處理方式。」

馮美華始終反對以一刀切的方式去處理問題：「因為每個人都不同。每個學生的去留，都需要老師一齊傾。好像法庭一樣，就算同一條罪，每次的判決都不同的。如果有學生覺得不公平，問為什麼他要走、另一個又不用走，就將理據解釋給他聽囉。事件牽涉到哪些老師，把大家都叫來我房當面傾，大家都無得託辭。」

「當面傾」並不易，很多時學生覺得不公平也不會公開提出來，只會淪為學生和相熟老師之間的一些耳語和是非。「最大的問題是講是非，以及學生『搵大佬照』的心態。」李以進說：「譬如在課堂上吃東西，老師因應各自的情況、或同學的狀態決定准不准吃，其實是可以的。但我們以往未能夠將這變成一套理念好清晰地傳達出來。當學生對A老師講：『好衰呀B老師，不准我們吃東西。』A老師可能好順口就說：『係囉，我都覺得吃東西沒問題。』於是就造成老師之間的關係不好。學生好容易會解讀為：有些老師好保守、阻住所有改革。但這樣想並不對。我們不是要逼某些老師改變，而是要讓不同風格的老師都做到自己要做的事。」

曾宇霆認為老師的教學方法，一定要跟自己的性格相配，才能與學生建立真實的關係，才可以教好學生。「不一致」背後所體現的人本精神，不只是對學生，也是尊重和肯定每個老師不同個性。「當然不劃一，會製造另一些問題。所以平衡是需要的，我們要劃清楚條線，同時亦要劃清楚我們留下哪些空間。」他說：「我們有十大不接受行為，學生覺得沒有後果，其實以往是由每個老師自己決定那後果。這『十大』原本背後有一些理念支撐，如果每個老師都秉持著這些理念的話，大家用的方法不同也不要緊，只要我們對學生傳達的訊息是相同就可以了。縱使每個老師教你的方法可能不一樣，但你不尊重老師，是大家都不會接受的，可是現在這訊息傳達得不清楚，於是學生不清楚我們界定什麼是好、什麼是不好。」

嚴惠英亦認同，共同的理念才是關鍵。她觀察到開會通常都是談處理方法，而忽略背後的價值原則。「常常討論上課究竟准不准用手機、准不准吃東西，總是只有『准』和『不准』，但創意書院正正是有第三、第四、第五個可能。有些老師需要指引講清楚准或不准，你准我就做、不准就不做。部份老師又好需要空間，只想知道一些大原則，例如學校的目標是要幫助學生認識自己、或者令學生認真學習，那麼他就根據這些原則去處理每一刻與學生的互動：如果這行為會影響學生認真學習，就不可以做；如果不影響，就可以做。」

過往書院留有很大的空間，讓老師們按個人對教育的看法定原則，但對教育沒有特定看法、或期待學校可以提供劃一指引的老師，會感到無所適從。嚴惠英認為這些老師的難處也應被正視：「好多老師其實都需要有規條，才有安全感去面對學生。以前討論准或不准時，大家通常都是提出技術上的顧慮，譬如如果准學生這樣做，我就會處理不到了，然後其他學生又會更離譜等等。如果學校能夠將一些理念很有系統地整理出來，成為幫到老師的支撐點，讓他們知道，面對一個上課吃東西的學生，我可以用怎樣的心態去對待他，或者我有什麼邏輯理路去支持我的判斷，老師應該就會比較有安全感地處理這些事情——要在理念上令到大家可以有共識，而不是在執行上有共識。」

存在於創意書院的種種矛盾和麻煩，大多因為這間學校重視個體自由和自主。一般學校校規不需要得到學生的認同，只需動用老師的權力去要求大家遵守，甚至也不需要所有老師認同，不執行就會被辭退。但創意書院希望在合情合理的基礎下，容許不同的處事方式，尊重每個人的意見和價值觀。

這做法需要讓學生明白學校背後的價值理念，學生才會願意共同信守這些價值。書院從第一年開始，便有召開全民大會以修訂校規及處理學校事務，這是實踐創校之初希望師生平等，也是教育學生成為有獨立思考的成年人的重要一課。

第三章　學生有自主？

一　晝桁高峰會：第一次公投體驗

創意書院老師傾向以對話而非權威去處理學生的個人問題，同樣亦重視學生就學校事務表達意見的權利。馮美華相信要學生變得成熟、能獨立思考，首先便不能把他們當作小孩子，而要採取「成人對成人」的平等態度去討論各種事情。「現在你是大人、我是大人，大家是equal的，有什麼就面對面傾。」她說：「既然大家活在同一個空間裡，也應該讓他們參與討論怎樣的學習方式才是最好。我覺得任何一個領域都可以讓學生去傾，學校的事應該是公開透明的。」

創意書院期望學生能成為具國際及文化視野的公民；除了在課程上著重批判思考及通識教育外，討論校政亦是具體的公民教育。馮美華解釋：「給他們搞學生議會、跟他們討論，其實都是一種學習，怎樣表達觀點？怎樣分析事情？是否夠膽量在百幾個同學和老師面前，有條不紊地講自己的意見？」

越界的塗鴉

創意書院第一次正式的校規高峰會，是創校半後的書枱塗鴉事件。青州街的村校是暫時借用的，由於空置多年，甚為破舊，這次暫用後就會重建，老師於是在開學時提出讓學生自由佈置課室。例如把牆壁漆上喜歡的顏色、畫壁畫，唯獨書枱是新的，而且會搬到新校舍繼續使用，不希望同學塗畫。

但同學很快就用鉛筆、原子筆、甚至各種顏色的箱頭筆來畫枱。校園內的牆身、壁報板、走廊樑柱、地面，到處都有亂糟糟的塗鴉和大字，完全不是原本老師想像中富有藝術感的彩色壁畫。校工很頭痛，究竟要不要清理？好不容易擦乾淨，學生又再畫。

本來最簡單就是禁止畫枱，畫了就要罰。但老師們發現有些枱畫得很漂亮。於是分歧來了：平時都說鼓勵學生創作和自我表達，那為什麼不能在書枱上創作？但怎樣才算藝術創作？怎樣是無聊的塗鴉？用什麼準則區分？——老師決定全民投票。

農曆新年前的大掃除日，午後不用上課。全校百多人齊聚禮堂，由馮美華和老師謝國駿主持大會。先播放影片給同學觀賞各班書枱上的「大作」，同學邊看邊笑，播到比較漂亮或有趣的作品時，更歡呼喝采。

謝國駿說：「老師最初已經跟大家說，書枱是大家用的，不希望同學劃花。但經過兩個學期之後，就見到這些精采作品。今次本來要趁清潔日全部擦走。但老師開會時發覺，有些枱畫得真的漂亮，那要怎樣處理呢？我們覺得應該跟同學討論一下，所以舉辦這次論壇，希望大家給點意見。最後會做一次投票，第三個學期就根據我們今日的投票結果去做，好不好？」

同學一下子靜下來，可能對這做法有點陌生，沒想到老師會如此處理。

謝國駿隨後公布幾項議事規則，包括不可人身攻擊、發言限時三分鐘等。其中一項很有意思，鼓勵同學根據別人的發言提問，形成對話，不要只是自說自話。然後老師負責在場內傳遞咪高峰，首兩個同學發言後，討論氣氛很快就熱絡起來。

私有與公共

「我覺得不應該在枱面畫，因為好髒、好難看，感覺不整齊。」有同學說。「那如果畫得靚，你會否覺得髒呢？」謝國駿反問。同學說：「畫得靚就放在一旁不要用，因為用時我們手臂放在枱面，會沾上顏色，那圖案也會糊掉。」也有同學提議：「畫完可以拍下照片做展覽，然後擦乾淨。所以畫時要用能夠洗掉的顏料。」另一位同學也說：「若只畫自己那張枱是可以的，因為全年都是用同一張枱，年底大家公認畫得靚，那張枱便值得保留。我以前的學校有間 VIP 房，用來接見家長或者嘉賓，房裡的桌椅都特別舒服。我覺得這間學校也可以有這樣一間房，將畫得漂亮的書枱放進去。」

但怎樣才算「畫自己張枱」？有同學認為：「學校的枱不是屬於個人的，而是屬於學校每一個學生。每個人都有權去畫，每個人也有權擦走。」也有同學很氣憤：「我讀七科，有四科都不在自己班房上課，要用別人的枱。你說張枱畫了是你的事，難道你轉班房時把它一起搬去上課？你說你畫枱是藝術，你是否將那枱私有化了？我不明白為何我見著枱面由乾淨變到好骯髒，而我要忍受囉！」

討論開始轉到私有和公共的問題。「如果講私有化，是否我付得起錢就可以畫你張枱？」「那如果有同學買了一條柱來畫，又怎樣呢？」「枱可以私有化，但課室不是屬於你的，你應該把私有的枱搬回家，不要佔用課室空間。」「學校始終是public 的地方，只有你的書包、校服才是自己的，不可以干涉別人用枱的權利。」

原本老師希望更多討論的主題是塗鴉的藝術、或者藝術的美醜之分。但發言同學比較關心畫枱有沒有影響他人？什麼是公物？如何平衡個體權利和群體生活。亦有同學質疑，如果定好的規則可以推翻，那定來有什麼意義？「本來一開學就說不可以畫，現在又討論。那麼說過不可以染髮，是否有一日好多人染髮，就再定新規則呢？是否每一條規則都要再討論多次，所有人一齊決定每一條校規呢？」

說到法治精神，馮美華請本身是律師的校監黃英琦提供「法律觀點」。黃英琦說：「我覺得這個應該不算是法律，而是學校裡大家互相尊重的規矩。法律是要經過長時間的諮詢和辯論才可以通過的。這樣說吧，如果大家開學時答應要做的事，後來基於種種原因不做，我覺得是說不過去的。有人說先將畫了的枱面擦乾淨，那將來應該怎樣呢？這個『將來』就是一個新的空間，過往決定的事可以變更，所以才有今日這個大會，為的就是融入大家的想法，決定一條新的規則。」

少數的聲音

大約一小時後，發言觀點開始重複，主持人覺得已有充份討論，於是進入表決階段。同學舉手投票，結果九十五人贊成、三十四人反對，兩人表示未能決定——以後大家都可以畫枱了！

但謝國駿隨即提醒：「有三十六個同學是不同意這件事的，他們怎麼辦呢？要用怎樣的心情去迎接這個決定？」馮美華亦總結：「投票好像是一個好理性的過程，但我們可否想想怎樣去尊重少數呢？他們每天見到枱面花綠綠的，會不快樂。藝術其實是人文素養來的，我們關心每一個人的快樂。如果某同學真的好介意別人畫枱、他沒有乾淨枱用會情緒好低落的，你會否考慮將創作靈感發揮到別的地方？」

高峰會就在對投票式民主的反思下結束。然後是清潔環節，全校同學一起把課室和桌面洗擦乾淨，迎接農曆年後的新學期、新規定。

有趣的是，自從投票通過可以畫枱後，畫枱的情況反而大減。也許是想畫的同學聽到了反對聲音而顧及別人感受，也可能是應驗了當日高峰會上一位同學的發言：「畫枱的人是因為有犯罪感，畫落去就有種好『high』的感覺。如果公開批准你隨便畫，沒了犯罪感的刺激，他們就不會畫的了。」

二 釋髮：為金毛平反

創校第三年，書院才迎來第一次爭取廢除校規的行動。愈是不准愈想做的心理，其實老師們都明白，就算當初主張要定校規的老師，也將「十大不接受行為」視為折衷做法，最理想是學生可以自律。創校時已在書院任職的老師蔡芷筠記得，當時同事曾經想像，若學生不需要規則都能明辨是非的話，「十大不接受行為」就可以逐條廢除；最好是大家每年都學懂一條，十年後創意書院便可成為真正沒有校規的學校。惟開校之後一片亂象，這份良好願望也被擱在一旁了。

直到第三年，「十大」當中「改變天然髮色」的規定，成為第一條被學生挑戰的校規。香港學校普遍要求學生穿整齊校服，嚴加巡查和處罰違規學生。早期來讀創意書院學生，最常抱怨舊校的就是校服規定嚴苛，譬如天氣很熱也要穿校褸、天氣很冷也不准女生穿褲子；裙的長度、襪的高度要逐個用尺量度；有些學校規定女生一定要留長髮和紮辮，甚至眼鏡和手錶款式都要管。

書院舊生Kensa說他以前讀的學校規定男生頭髮長度不可過耳、也不可過眉，於是他就把頭髮整齊地剪成「碗蓋頭」，既沒過耳也沒過眉。老師覺得他標奇立異，但確實沒犯規，又沒辦法罰他。「是有點反叛心態的，我不想剪短到像『陸軍裝』，就在這些位置上角力囉。」

舊生Milk之前的學校則規定男生髮尾長度不可碰到恤衫領，於是老師來檢查時，全班男生一起把衫領反起，連耳朵都蓋著，當然碰到髮尾。「你要捉就捉啦，我們就是全班都不合格的了！我覺得好無聊，花這麼多時間去檢查頭髮，不如講個故事還有可能啟發到一些學生。你不會被人用尺量度頭髮時忽然被啟發到：『對啊，做人真不應該留長頭髮啊！』，然後找到人生意義的。」

負責檢查校服的老師也不好受。老師吳詠雪以前教過一間學校，規定男生要穿純白襪，不可有商標或圖案，「於是一到查校服的時候，就全校一齊抽起褲腳，我走過去逐個看他們。那個畫面……我覺得好淒涼呀，好像監獄般，不期然想，我怎麼變了獄卒？」

嚴令忽至

創意書院重視自由與多元，但老師們一開始沒想取消校服，而是邀請設計師陳米記設計了多款不同顏色的T恤、Polo恤和恤衫；校裙也有兩個顏色，供同學自由配襯。校服可以自行改裝和漂染，亦可配戴飾物和化妝，唯獨頭髮不能染。「當時跟同學解釋，我們是一間新學校，在未建立自己的形象之前，別人對學校的評價就是看我們的學生，學生的形象完全等同於學校的形象。所以同學們表示都理解。」副校長陳婉芬說。

第一、二屆的學生尚算配合，因為這樣的校服規定已比一般學校自由。部份同學有染髮，色調太誇張的，老師會要求他們染回黑色；但若染啡色，一般都「隻眼開隻眼閉」。畢竟創校初期老師事務繁多，光是每天討論學生個案、見家長、調整課程等已經要工作到夜深，無暇理會染髮。學生發現老師不太管，染髮的人就愈來愈多，連帶校服也鬆懈下來，有時穿自己的衣服配校裙校褲，有些同學又用款式近似的便服代替。

第三年開學前的一星期，同學忽然在家中收到學校來信，要大家把頭髮染回黑色，並說開學後會嚴正執行不准染髮的規定。此舉由誰提議已不可考，也不是個別老師的主張，就像其他紀律問題一樣，一些老師認為「規矩訂了出來就要尊重」，既然染髮被列為十大不接受行為，那就不應放任學生視規則如無物。但自由慣了的同學非常不忿，開學日有些人仍未染回黑髮，真的被老師擋在校門外，要他們回去把頭髮染黑、穿好整齊校服才能上學，不滿的同學就在開學禮上質詢老師。

當時剛轉校來讀中六的劉錦，很記得那次開學禮的文化衝擊：「通常開學禮都是講一些客套說話，沒想到突然有同學舉手講染髮，說這樣對學生很不公平：

『一星期前才寄信來，怎趕得及染黑？』有的就問：『為什麼不准染？以前都可以的！』」有些同學不滿老師事前沒與學生討論，只單方面用信件通知。「我好驚訝，正常學校不准染就不准染啦，但這裡的學生會把不滿講出來，老師又會聽。」

開學禮變了染髮討論會，結尾還嘗試即場投票表決：支持染髮的站左邊，反對的站右邊，據一些同學憶述，還有第三個選項是「低調地染」，大概是可以染啡但不可染太搶眼的顏色。然而，這次染髮投票臨時舉行，很多師生未弄清楚各選項的內容和利弊，投票時明顯舉棋不定。有老師提議同學之後分組做更深入的討論，立場相近者可共同構思處理方案，稍後再安排投票。

開學後大家都忙著適應新環境、新人事，學生對染髮的關注後勁不繼，雖然部份同學曾經開會討論，但往後一個月都未有進一步行動。

千字傳單

Miki 轉校來讀中六，因為一些原因遲了入學，錯過開學禮。她從同學口中聽說當日的討論場面，覺得很有意思；再加上轉校是嚮往創意書院尊重多元、鼓勵學生自我表達的文化，結果卻每天看見老師守在學校門口檢查頭髮和校服，實在跟想像大相逕庭。她決定一個人到校門口派傳單，期望繼續討論染髮。

傳單有點簡陋，就是自己用A4紙印製，內文洋洋灑灑千餘字，題為「釋髮，由創意書院開始」：

「頭髮是個人身體的一部份，在不傷害別人權益的前提下，它的長短、狀態、顏色應該是個人自由自主的決定，這是身體自決的表現，也是人權的體驗；當每個人都有自己的樣子時，亦是學習尊重多元價值，了解差異的機會，這更是學校、教育者真正需要關注和花心思的地方……

「創意書院一直以『擔憂學校形象未堅固，怕社會大眾不接受』作為不可以改變頭髮天然顏色的理由，亦提出理工大學的設計系學生在外表上和頭髮上如何出眾，是基於該校形象結實、予人感覺良好才得進行。其實，真正的背後原因，是因為大學校規沒有限制學生外表和頭髮的顏色：當染髮沒有觸犯規則，就沒有人會覺得理工大學的學生、甚至任何一個大學生染髮是壞學生。換言之，『中學生染髮是壞學生』這迷思，實則上是由規則之中的『不可以』而成……

「要求學校不再限制學生改變頭髮天然顏色，不只是追求頭髮有變紅變綠的自由、執著個人外在儀表，而是對教育的期望，更是維護人權得以重視：當一個人的基本權利——身體自決的自由都不被尊重和保障，違論什麼創作自由、講求什麼生活質素？……

「我相約各位對校規問題有意見的同學，無論是否同意我的觀點，今天中午飯的時間在『小牛棚』(註)一起討論。」

成功爭取

這次事件聚起來的同學，後來成立了校內第一個關注校政的學生團體「無花果」。Miki 說當時她和其他「無花果」成員大多沒染髮，在意的是：為什麼不能染？學校的理據是否成立？

她明白學校顧慮形象，也明白社會對「金毛飛」的偏見，「但要扭轉這局面，你唯一可以做的，就是由『他染金毛但其實也是好人』開始。首先你要相信你的學生不是壞人，然後你相信他可以在與別人相處時改變到、或者鬆動到他們對『金毛飛』的成見。你不可能等到突然有一日，家長們說『染金毛那些是好人來的』你才讓學生染，改變不會這樣發生的。」

不准染髮的同時，書院老師也加強檢查校服，所以當時的討論也兼及校服：「我們有想過，為何拔萃仔那麼喜歡穿校服？總是戴著那條斜紋呔四圍去，就因為『我是拔萃』嘛，他們對學校引以為傲，身份認同是基於名校這種階級觀念。我們就想，那創意書院的身份是什麼？當大家有一些共同的理念或價值，這個身份才有意義，然後那套校服才有意義。」Miki認為，制定一套尊重多元和差異的校服政策，正是建立創意書院獨特身份的其中一種方式。

書院老師普遍欣賞有同學能夠力陳理據、成熟而理性地就校規問題表達意見，幾位老師都將Miki當日派發的傳單保存下來作紀念，也有老師寫公開信回應，並參與「無花果」會議共同討論。不少老師經過溝通後都認同規管頭髮顏色並無必要，下一個學期開始時，校方更主動把「改變天然髮色」從「十大不接受行為」當中剔除。

由學生提出理據、師生經過協商後更改了校規，看似是完美的結局，但「釋髮」的過程中也暴露校園民主的問題：學生既然在意衣著打扮，有機會修改校規，應該會熱切爭取吧？實情學生卻又缺乏行動力和耐性去持續參與討論，儘管Miki高調號召，但「無花果」的成員人數最鼎盛時，也只有四、五十人，在當時全校四百多人當中屬於少數。究竟沉默大多數在想什麼？

註：小牛棚特別班是創校第三年開展的教育實驗，班裡的同學不參與公開考試，按各自的專長和興趣自訂學習計劃，詳看第六章。其班房位於學校地面層，設計成 studio 格局，擺放了幾張沙發，吸引一些班外的學生在該處聚腳。

三 對抗犬儒：「無花果」的聚會

「釋髮」事件多年來一直是書院師生間傳頌的「傳奇」，亦因為後來並不多學生會認真參與校政，才令一眾老師覺得非常難得，津津樂道。

Miki 憶述起來的主要感受卻是孤獨：「好尷尬，自己一個人去派，同學覺得你奇奇怪怪。我還記得有同學跟我說：『我唔同意你咁講囉。』你想繼續跟他談，了解他不同意什麼，他就說『總之我唔同意囉』、『我覺得唔係咁囉』，你就不知該怎樣說下去。派完單張後第一次只來了幾個人，未傾完，就再約另一日午飯傾，但約來約去，有些人這次來了、下次又來不到，有些人就遲來，午飯時間很短，可能僅僅交代完上次談了什麼，已經要上課了。我是有少少寂寞的，覺得孤軍作戰。」

有別於畫枱高峰會由老師發起，預先定好議程、規則和選項，即日做決定；染髮事件卻沒有討論機制，開學禮後亦再沒有聚集全體師生的場合專門處理這件事，單靠個別同學號召，很難凝聚力量或達成共識。

「大家不懂得如何進行一個成熟的討論，有時會東拉西扯的，可能也是當初沒什麼人想傾的原因吧。」Miki 説：「而且當時來開會的同學，都未必是很強烈想要染髮，主要是在學校裡比較活躍、或者關心學校的人。所以我們由染髮開始講，也談到校服、遲到，種種所謂的學生問題都有談過，甚至也開始討論『為什麼只得我們討論？』為什麼沒有其他人來？」

冷漠的群眾

不願意討論的同學有幾種，一些覺得校規對自己影響不大：「我又不染髮。」或者「不准染就不染好了。」書院有各種玩樂和藝術創作活動，與其討論校規，不如去打波、畫畫、夾band、排戲、拍拖…… 尤其當懲罰未臨到頭上，誰想正經八百地開會呢？

就算事情影響到自己，也不代表同學會更積極討論。就在染髮事件的同一年裡，書院開始實行「遲到曠課逾二十次要離校」的政策。相比起不染髮，每朝準時起床可能更難，不少習慣了自由散漫的同學改不過來，瀕臨被趕出校，甚至有幾個已經被請走。校方或「無花果」均曾在周會時與全體同學商討如何處理遲到問題，但同學卻感到煩厭：「又傾？」「傾來都無用的啦！」是最常聽到的聲音。

「氣氛很奇怪，就是學校想民主，開放一些平台出來叫學生講意見，但學生卻好冷淡。」老師李以進說：「而且遲到最嚴重的，往往最無興趣去傾，他們甚至會忽然間支持更嚴格的規則：『一係咁，唔好煩喇。十次！十次就要走。』他不會想，這樣自己好快會被趕出校，只覺得討論好煩：『確實應該大家都守規則的嘛，有什麼好討論的？』但當真的要處罰，他又不願意接受。」

李以進自從Miki派傳單之後就一直有出席他們的會議，是「無花果」成員之一。他覺得學生們反應冷淡，好比政治冷感的香港人：「有很多市民反對爭拗、反對社會運動，但他明明也受政策所害。「無花果」就像一班 activist，好想群眾有權利意識，但群眾沒有，反而覺得你班 activist 搞事。所以 Miki 去派傳單，有些同學會覺得『你這是博出位嗎？』等於有些小商戶被欺壓，但仍會鬧議員搞搞震。我也是到這裡，才明白政治冷感是這麼一回事。」

面對政治冷感，也許「蛇齋餅糭」亦是一種入手方法。Miki 記得在派傳單後大約一個月，「無花果」成員人數首次大增，就是因「美食」。「我們開會通常在小牛棚，隔壁就是 May Fung 的房間，另一群同學喜歡在那裡消磨時間。有次星期五放學開會，我們只得幾丁友，隔壁有一班人無無聊聊又未想走，就說『不如過來一齊傾？我們打算叫 pizza 啊！』是用 pizza 把他們引誘過來的。」Miki 笑說：「於是兩批人匯合起來，我們就選定逢星期五晚聚會。」此後開會一般都有十來個同學及幾位老師參與。

信任的開展

儘管「無花果」因為染髮事件聚集，但往後的討論重點並非染髮權利、或應否穿校服等具體規定，而是轉向探討學校文化及師生之間的權力關係。在染髮事件中，同學不愉快的一個主要原因，是校方未有跟同學溝通就在暑假頒令要大家跟從，也許這在一般學校是常態，但不是創意書院慣常做法。

與此同時，創意書院踏入第三個年頭，人與人之間的關係變得疏離。創校第一年書院只得中四一屆約一百六十名學生，與十多位老師在狹窄的青州街臨時校園裡，所有人都認識所有人。此後每年多一屆學生，到第三年已擴張至中四至中六三屆約四百三十人，老師亦相應增加至數十人，搬到九龍城聯合道校園後空間亦變大。再加上書院由草創期漸上軌道，部份師生感到學校運作更制度化，憂慮創校初期的人本精神和獨特文化失去承傳。

當時「無花果」會議經常反思：在創意書院裡，我們珍惜的價值是什麼？為何會產生眼前的種種問題？我們有沒有更好的處理方法？

「無花果」提出的答案是「信任」，認為同學表現出來的冷漠犬儒、對規則的反抗或師生之間的對立，都是因為溝通失效，而信任是有效溝通的基礎。上一章所見，馮美華一直強調要信任學生，但這種信任未能普及至所有老師，就算老師心底認同，實踐上也未必能貫徹。

李以進記得：「『無花果』談到校規，會覺得老師應該信任我們會自律。但老師就會說：『你要我信任你，都要做點事來證明你值得信任，你都唔可信。』於是『無花果』的同學就討論：信任是否應該有前設呢？如果有條件地、我要做點事去博取信任，這其實不是信任、是交易。我們就覺得『你要做得好才令我信任你』是個很差的說法。我都已經做得好了，還要你來信任什麼？」

「信任」並不等同「放任」，因為在放任的關係裡並沒有溝通。「無花果」心目中的「信任」是信任溝通的力量，可以透過溝通來解決問題。書院裡那些沉默的學生會否是不信任老師？有學生解釋為何不參與討論：「我覺得就算學生怎樣講，你們老師都會有自己一套的啦。聽完我們的答案都不會採納，可能還會當你傻仔。」他沒法提出事例，但選擇拒絕溝通：「無論他們推出什麼規定，要不要遵守都是自己的選擇。對我來說，他怎樣規定我都不會守的，所以也不會刻意去理。」

信任可以如何開展？「我們想，唯有就由一些人開始吧。要有人開始信任另一個人，才會有後面一連串的信任發生。」李以進說：「那可否就由『無花果』自己開始？其實為什麼 Miki 去派傳單，有些同學會覺得搞事、好煩，因為那行動也帶著一種不信任的姿態，好像在說：你們都不關心這件事、你們快點來關心啦！她的用詞和姿態愈強烈，就是愈不信任同學會參與。『無花果』最初也會這樣的，總是說『同學你們一定要留意呀……』或者傾一些行動時，也會有成員覺得：『我們就算做了都無人理的啦，其他同學根本唔 care。』但這樣說就很犬儒。如果你想同學對『無花果』產生信任，首先你就要信任別人。」

紅色波波

當時參與「無花果」會議的同學 SiuNok 從過往的藝術老師身上體會到，教育是「生命影響生命」的工作，若要令書院的群眾改變，不一定是從制度著手、或者講述抽象的概念和主張，而是由自己的生命開始，實在地影響另一個人的生命。老師曾宇霆其時正好手執一個籃球，便用傳球作例子：「你拋一個怎樣的波出去，別人就會把怎樣的波拋回來。」他以「紅色波波」比喻信任、溝通等正面的能量；「黑色波波」比喻犬儒冷漠、不信任的負能量。如果大家都習慣拋出黑色波波，學校裡就會瀰漫著負能量。若想有改變，需要有人先拋出紅色波波，第二個人接到了，才可以再傳遞給其他人。

自此以後，「無花果」以拋出更多「紅色波波」為目標。除了每周聚會討論校政，也在校內策劃一些較軟性或玩樂為主的行動，期望在人與人之間建立良好關係。

譬如針對「遲到逾二十次要踢出校」的規定，「無花果」的成員會想：怎樣才能令大家不再遲到呢？於是成立「遲到互助委員會」，早上打電話給經常遲到的同學，叫醒他們準時上學。有成員提出每朝早回到學校最開心的，就是和同學一起吃早餐，但有時因為趕時間而沒吃，有些同學則為了買早餐而遲到，於是「無花果」試過七點鐘回到學校，在校門口煮通心粉派給同學，鼓勵大家準時上學。

創意書院所在的九龍城聯合道與地鐵站有一段距離，每天早上不少同學從地鐵站跑回學校。「無花果」試過效法馬拉松賽事，沿途設置「加油站」，遞水為氣喘吁吁的同學打氣，後來這想法演變成學校運動會裡的比賽項目，每班派代表參加。參賽者首先要在起點穿好整齊校服，按大會提供的時間表執好書包，跑往終點，中途設有種種騷擾和障礙，就像平日大家會遇上塞車等意外而遲到一樣，最先到達終點的一班可以扣減遲到次數作為獎勵。

儘管人手限制，這些活動不能時時舉辦，但李以進覺得「遲到互助委員會」的意義在於提出另一種方式看待問題：「原本遲到的討論都是關於規則要如何釐訂或執行，而『無花果』提出的是，究竟要令人每天準時上學，需要一種怎樣的社群關係？我們可以怎樣去補足這種關係呢？」

尋找共同點

「無花果」也嘗試循社群身份入手去處理校服。大家談到是否願意穿校服、跟學生是否認同學校有關，那麼，身份認同是如何建立的呢？應該是源於一群人分享著共同的文化和記憶吧！

其時創意書院雖然只創立了三年，但學校起步艱難，師生間很多有笑有淚的回憶，可是大部份第一屆學生只讀了兩年就在會考後畢業了，創校初期的故事很容易散失或被遺忘。繼續升學的少數「元老級」學生，面對新同學也覺得難以溝通：「你們不知道，以前的創意書院怎樣怎樣……」，甚至會覺得「無知的新人」令書院「變質」了。而新來的中四及校外取錄的中六學生，又覺得被排除於舊生口中的傳奇故事之外。

「無花果」成員於是重新認識學校歷史，師生一起分享創校以來大家比較印象深刻的經歷：第一年的畫枱公投、第二年由青州街遷校至九龍城的深夜長征、關注校工權益的「華叔事件」(註)等。書院亦有一些自己獨特的傳統，包括開學日有打鑼及許願儀式、萬聖節在校內舉辦鬼屋派對、創意無限的運動會項目等。及後「無花果」負責籌辦新學年的迎新周，透過各種遊戲，讓新加入的老師和同學認識學校文化和往日足跡，期望當大家擁有共同的語言和記憶後，會更覺得自己是學校的一份子。

「無花果」也建立了新的傳統和節日：回顧歷史不是為了懷舊，後來者也要在歷史的基礎上建立屬於自己一代人的文化。譬如自畫枱公投後，每年農曆年假期前最後一個上課天大家會一起洗刷枱面，「無花果」在創校第三年起再將那天定為「紅衣日」，呼籲同學當天一起穿紅色校服慶祝，現已成為書院的官方節日，有寫揮春、抽獎、課室大掃除等活動。而稱為「拖鞋節」的水戰遊戲亦是由「無花果」

發起。當時因為馮美華批評學生穿拖鞋上學不雅觀，「無花果」就趁她到外國出差時舉行水戰，藉此名義令大家一起穿拖鞋上學。雖然因戰況失控而沒再續辦，節日的原意也被遺忘了，但這次頑皮的事跡亦成為舊生們津津樂道的集體回憶。

無形障礙

「『無花果』的遺憾是，來到這裡便不太能再向前推進了。」李以進看到的局限，包括成員人數沒有增長、以及行動缺乏具體影響力。「無花果」人丁最興旺的時間是創立數月之後，會議通常約有二十位同學出席，但沒法再增加。「慢慢這二十來個同學好熟，自成一個群體、內部有種歸屬感和信任；但別人見我們這麼熟稔，就不想進來了。這問題我一直想不到解決辦法。因為大家經常見面，熟稔是很自然的嘛。但若『無花果』就只是一群好熟的朋友，沒法讓其他人參加，能夠連繫到的人很有限。」

人數少，「無花果」的行動力和影響力就比較弱。譬如煮早餐、遲到馬拉松等每年只能辦一兩次，談不上對遲到問題有實質效果。「紅衣日」雖成為學校官方節日，但「無花果」的原意是希望以節日的 dress code 來讓大家一起穿紅色校服。紅色是藉口，「一起穿校服」才是最想推動的一點。惟最終也不是全部同學響應，亦有不少人穿其他紅色便服或配飾代替。

「或許我們很多實驗都沒有效果，但『無花果』的討論是有內容的。」李以進說：「那時我在讀碩士課程，我真心覺得『無花果』的討論比讀碩士那邊來得更深入。譬如同學們會談到『信任在行動裡的重要性』，這種反思是很 radical 的，而且不是老師叫他們傾，他們說著說著就說到這裡了。當然有時同學不懂如何去命名某件事，老師會幫忙歸納：其實你們剛才提到『信任是基礎』啊。」

在仍然留存的一些會議紀錄裡，可以見到同學討論過「信任＝大愛？」然後老師指出「信任」和「接受」是兩個不同的概念。有同學提出學校信任學生就像道家「無為而治」的精神，有同學反對：「因無為而治有階級之分，信任是無階級的。」討論常常由學校裡的日常小事開始、旁及哲學思考及社會政治議題。有時討論進入到某個深度時，同學發覺自己的知識不足以應付，還會一起研讀相關的書籍和電影。這樣的聚會每星期舉行，由傍晚延續到深夜十一、二時，孜孜不倦，是課堂以外很重要的學習。

信有花開

矛盾是，這種討論質素亦正正令一些同學卻步。若問其他同學對「無花果」的印象，大概都是「好悶」、「唔知傾咩」。文鑫雖然跟一些「無花果」同學相熟，但他也沒去參與會議：「其實好多同學都不知道『無花果』是做什麼的，知道也未必有興趣。我覺得就是個讓大家發表意見的地方吧，有好多反思的樣子。他們的討論沒完沒了，時間真的太長了，我就寧願去看電影、畫畫。」

詩詠在開始時有參與過「無花果」的討論，但幾次會議後就退出了：「因為我覺得好攰呀，他們每一次開會都將一些概念 define、define 再 define。思考是好的，但到某個位就要停了吧？我會更加想行動，但他們 define 完一輪就沒有了。」譬如針對遲到問題，「無花果」會討論「遲到究竟是怎樣的一個問題呢？」、「遲到會影響學校運作是什麼意思呢？」、「會否其實是上學時間定得太早了？」……

如此徹底檢視和批判學校教育觀念，遠離了大部份同學的興趣或能力；「無花果」亦始終沒有實權實行改革，難免被視為只懂空談。

「無花果」的名字，是一次阿勺和 Miki 放學回家途中想到的，當時才剛派關於染髮的單張。「我們覺得無力，一直在想為什麼沒有同學關心？也曾經陷入一種迷茫，不知道自己在做什麼，只是不斷討論、無日無之似的。」Miki 說：「阿勺忽然說起『無花果』這種植物，其實是有花的，只是花太小了，當別人都以為沒有花，卻無端端結了果。」

「取這個名字，就代表著無日無之的討論雖然好像沒事發生，但最終都會在某處結果吧，這是我的理解。大家似乎都很喜歡這個名，之後開會時好快一致通過。

我想，要令一個觀念深入人心、或正式成為『文化』，不可能是兩三年內的事，我們的取向也不是追求即時快食的改變。」

「無花果」對學校教育富有想像力，意念前瞻，在書院創立第三年、各種人事和運作開始變得制度化的關口，提醒大家一些初衷和價值。可惜到了第四年尾，隨著不少創會成員畢業離校，「無花果」討論會逐漸式微。

學校第五年開始正式從課表裡劃出一節「Student Voice」時段，讓全體學生討論校政。由「無花果」小聚會變成全民參與，學生實踐自主，面臨更多新的矛盾和挑戰。

註：　華叔是創校初年很受學生愛戴的校工。當時有學生得知華叔被解僱，在周會時間群情洶湧，舉牌示威要求學校交代。校方表示解僱華叔的是外判保安公司，經學校向外判公司反映後，對方答應繼續聘用華叔；惟華叔經歷此番波折後意興闌珊，決定離職。

四

誰能代表我？沒落的學生之聲

創意書院首三年的學校發展計劃裡列明，要在「時機成熟時成立學生自治組織」。校監黃英琦或馮美華本身都相信民主的價值，活躍於公民社會，辦學校時也希望可以體現民主。另一方面，創校時所參考的外國案例，如英國夏山學校、或台灣的全人中學，都有由師生代表組成的民主議會，學生參與校政決策，對學生成長發揮重要影響。

當時不少同學都知道「老師想我們辦學生會」，但對於「學生會」的概念卻頗為抗拒。即使像 Miki 那樣關心校政的同學，都覺得沒有必要：「大家當時的反應是『做乜要人代表我呢？』每個人都有能力表達自己，我也是這樣想。這裡的人數只是半間中學而已，師生比例又比較低，如果有想法要表達，大家都可以靠自己的力量說出來。」

詩詠因為活躍於校內活動，曾經亦被視為辦學生會的可能人選，但她也沒有意欲：「好多舊生聽到這消息都反對，覺得為什麼要靠學生會擔當學校和同學之間的橋樑呢？傳統學校要有學生會表達同學的意見，但在我們學校，大家敲敲門就找到校長了，既公平、又公開。那學生會的價值是什麼？爭取福利嗎？」

老師曾宇霆觀察到書院學生對於等級制度有關的東西非常敏感：「任何事情讓他們感覺到 hierarchy（階級），就會好大反彈。這些年來『學生會』三個字是提都不能提的，他們覺得這就等於有一小撮權力凌駕於其他人的學生代表。尤其是早期的同學，他們對舊學校的憎恨好大，來到書院後仍經常控訴舊學校的種種，連帶對存在於舊制度的學生會都有很大抗拒。」

校方遂在第五年的上課時間表中劃出一節「Student Voice」時段，期望每周可以有場合聚集全體師生，共同為學校政策做決定。按老師的原訂規劃，討論會以代議政制模式運作：開學首週同學先在班裡初步討論議案，每班選出一名議員，負責在 Student Voice 時段代表所屬班級發言及投票。除了學生直選的議員外，半數則為「功能組別」議員，由老師、職員、校董會、家長教師會等代表擔任。

第一次 Student Voice 討論校方提出的議案：「有鑑於學生上課玩手機的情況嚴重，動議每次上課前所有同學交出手機、下課後取回。」

若議案在全體議員當中獲得過半數贊成票，便會真正施行。由於每堂交出手機其實非常麻煩，負責安排 Student Voice 的老師都預期議案不會獲得通過；這次會議旨在試驗議會運作，亦希望透過有點過份的議案激起同學踴躍發言。沒料到同學的反應比想像中還遠為激烈，老師嘗試賦權予學生，在第一天就被學生拆了台。

議會暴力？

當時是二零一零年九月，創意書院一批積極參與社運的學生不久前才經歷過反高鐵運動的挫敗，深切體會到議會制度的不足。而且部份學生初進書院，對老師們並未建立信任，聽到「功能組別」字眼更認定這議會是壓迫學生的工具。「當時我和幾個同學都覺得很不對勁。」剛到書院升讀中六的 Iris 說：「平時我們在出面就鬧緊議會，來到學校裡又要議會？一間學校這麼少人，要代表來幹什麼呢？」

抱共同想法的同學還有曾經參加社運的 Fox 和阿朗。當日議會一開始時，阿朗便舉手發言：「我覺得這個議會好有問題，是代議政制，用投票、少數服從多數的方式來做決定，你們從來就沒考慮少數的立場。這種多數人的暴力是達不到民主的，這個議會是假民主！我稍後就會離場抗議！」一些同學歡呼起哄。被選為班議員的 Fox 接著發言：「我們是學校，不是外面的議會，我們有好多資源和時間去討論，用代議和投票去解決問題是完全不對的。」老師鄭家榆亦指出：「社會上有憲法可以保障少數的權益，但我們沒有。如果用這種方式去做決定，可以通過很多恐怖的規則。所以對我而言，就算通過了，我也不會執行，這種方式也不適合我們學校。」

老師李以進回應說：「我同意代議政制有缺陷，也同意家榆所說，這條議案通過了也很難執行。但我想提出辦這個議會的目的，是想找更好方法解決問題，並不是說一推出來，就有最完美的民主。如何改善、令議會更尊重少數，是可以在運作過程中產生的。」主持會議的老師謝國駿亦說：「今日希望按原定規劃先運作一次，之後可慢慢再改良。」

會議繼續進行。各班的學生議員和老師代表先後發言，幾乎人人都反對動議，認為每堂交出電話耗費上課時間、影響到原本自律的學生。有說就算收了手機，同學不專心上課也會玩別的；有說這會影響師生之間的信任；亦有人提出手機可能被偷去等保安問題。與第一年的晝枱高峰會相比，今次同學事先在班裡就議案交流意見，亦選出表達能力較佳的議員代表，會議進行得更為順暢。

期間 Fox 曾動議終止討論、即時重新規劃學生議會的運作方式，但議會開始時表明當日不會處理新動議，謝國駿指同學可在未來一星期提交建議，包括更改選舉辦法或議事規則：「下次就自由的了，這些（議事規則）是擺出來讓你們改的。」

討論約四十五分鐘後進入表決程序，Fox 最後一次發言：「請大家看清楚這個有問題的議會，一齊否決它。無論它通過什麼我都不會做的，我採取不合作運動！」對此，李以進回應説：「如果第一次就廢除這個議會的話，即等於回歸原初的方法，就是所有學校政策都由老師決定。你們比較一下兩種方法的分別吧。」

老師謝國駿宣佈進行表決，大家舉手投票。投票期間學生 Iris 大叫：「每個人都有公平的發言權和表決權，為什麼要由我們這群議員去投票呢？我們代表你們就服氣嗎？為何你們要相信代議政治？我以我個人立場離開這議會！」一部份同學歡呼，大約二十幾個學生跟隨 Iris 離場抗議，幾位老師也跟著出去了解情況。他們在場外席地而坐，討論 Student Voice 應如何改革。

場內投票繼續進行，贊成的有四票，反對的有四十四票，十八票棄權，議案被大比數否決。

共識與投票

原定的Student Voice時段已經完結，之後還要上課。但眼見同學的情緒似乎等不及下星期再開會，馮美華帶頭問：「有沒有人想到更好的議會架構？比直選更有代表性的？」謝國駿說：「若有提議可現在帶出來討論，大家覺得可行，下次就試。」李以進說：「我覺得Iris的講法有道理，但不合作運動是當其他方法都試過、仍然不行才用的。如果她沒有離場，現在就提出要『直接民主』，大家投票就可以實行，但離場就什麼都沒有了。大家應該想清楚行動是為了什麼而做。」說罷亦有一些同學鼓掌。

兩位同學發言，均認為Student Voice可以保留作為討論的平台，但表決則由學生一人一票公投，反映每個人的意願。學生Milk說：「我們的班代表事前都有疑問，因為他的個人想法與我們班的想法未必一樣，但他坐在台上，討論時段完結後又沒法跟台下的我們溝通，如何了解班裡的決定？我們說不如打手勢讓他知道投票時要選什麼，但最好可以表決前讓議員回班裡再討論一次。」同學亦覺得，只有一節課的時間去決定一個議案太倉卒，需要更多時間商討。

過了一會，Fox和Iris等人被勸回場內參與討論。Fox提出Student Voice應效法部份社運團體所沿用、稱為「民主自治實驗」的討論方式：「就是群眾先分成小組，每組有『討論促生員』(facilitator) 負責促進討論。人人可自由提出開放式的論題，譬如對自律的想像，大家討論到一個段落時就由每組的促生員歸納論點。各組別的促生員溝通後，再將別組的論點帶回原先的小組裡繼續討論。這樣往來交換多次後，達到完全的共識。」有老師問：「那什麼時候表決？」Fox說：「沒有表決，是盡量傾到有共識為止。我覺得投票是沒有用的，公投也沒有用。」

老師曾肇榮回應萬事萬物都有框架，有些學校是好細的框，窄小得令人透不過氣，創意書院應該是個好闊的框，讓大家可以自在地生活。他認為框架可以是種制衡，也可以是種輔助：「如果要完全打破所有框，我怕你們會不知飛到哪裡去。外界的功能組別都是一些要對付你們的勢力，但我們是你們的老師，都是為你們好的，這議會的構成也並非全無意義。這個框我們set得好大、好鬆、有彈性，希望你們感受到這一點，嘗試再提議案，慢慢找一些你們的方法去改革這裡。」對此，

Iris回應說：「我認同這議會是有功能，但這樣的民主程度不夠，而且討論也完全不足夠。剛才每個人都只是提出自己的立場，並沒有真正的討論發生。」

李以進反問：「民主自治實驗的好處，是可以很有耐性及深入去傾，但如何去選議題？這樣的方法可能一年裡只傾到三個議題。」Fox說：「譬如對自律的想像，傾完不會浪費時間的，大家都會有得益。」李以進說：「我的意思是誰負責去決定議題？因為如果一年只能傾三個議題的話，那三個題目是什麼就非常重要。誰可以決定什麼是重要的議題，什麼是雞毛蒜皮的、不用去傾？」Fox說：「收電話就是雞毛蒜皮的議題，雞毛蒜皮的事不會有人拿出來傾的。人人都可以拋出議題，如果大家無興趣自然就不會傾下去。」

不決定的決定

這種完全開放式的討論會，並不是老師心目中要擔當決策功能的學生議會。老師吳詠雪提出：「學生議會並不是一個諮詢組織，是有實權的。即是說你們投票之後，能夠成為規則，影響每一個學生的生活。同學就算不參與都是參與了。你不去作決定，這本身也是一個決定來的，即是你可以任由其他人去幫你做決定。這點我希望大家意識到。」

馮美華提醒同學，學校每天都在運作中，需要做各種政策上的決定。談自律的意義固然有益處，但這是開放式的論題，跟做決策不同。「就像上一年，單單在九月，一個月內已經有同學遲到二十幾次，這樣如何學習呢？我們急切需要定一些政策解決問題。可能好多人仍然覺得不滿意，問題是我們怎樣才可以再推進民主化的過程呢？」

討論到這裡已嚴重超時，沒法在即日達成共識。老師曾宇霆呼籲同學兩天後放學再聚，一起商議改革方案，然後在下次 Student Voice 試行。其時「無花果」成員只剩數人，部份也參與了 Student Voice 改革小組的討論，Iris 等曾經離場抗議的同學亦有出席。

然而，學生拆掉代議制度，並沒有提出另一套議會組成方式或決策機制。因為最有意見的一群學生，基本上無法接受任何議會形式，亦認為共識比決策更重要；而另一方面則是「沉默大多數」，對於有沒有議會或決策權都不太在意。

Student Voice 從第二次變了開放式討論會：沒有既定議題，誰有話想說就把咪高峰傳過去。主持人改由學生擔任，沒有固定人選，只是在各同學自由發言之間作一點協調和歸納的角色。既沒有任何程序或規則，自然亦沒有仲裁的必要。

無政府狀態

當時書院學生中不乏主動敢言的人，如此運作的 Student Voice 亦甚為熱鬧。「我覺得 Student Voice 就是一個渠道去讓人提出問題，而比較有趣的是之後的後續，會有一些小關注組即場成立。」Iris 說：「記得有個養雀的女生，問可否帶動物返學？因為有些同學會驚動物，亦都有些同學很歡迎，好想帶自己的寵物回來，關注這問題的人，可以之後再約時間傾，或可找出大家都接受的方案。有時也會即場問：『不如大家先試試？有無人覺得不好呢？』無人反對就試行，如果再有異議就下次 Student Voice 提出。」學生 Kensa 亦說：「那時不是去傾規矩，而是希望找到一些共同生活的方法。有人提出想安裝一個足球架，大家好高興，得啦裝啦，一秒就通過，可以去做了，是很有行動力的。」

但並不是所有同學都享受這樣的 Student Voice。如同當初老師提出的疑慮：開放式討論很容易會有人提出「雞毛蒜皮」的議題。據同學記憶所及，Student Voice 的話題通常都是一些校園生活裡的瑣事。譬如廁所板不見了、廁紙用完無人換、公物被破壞、小食部的雞髀不好吃等。常常有同學覺得：「這有什麼好傾？」卻沒有機制去決定是否要談下去。只要仍有人舉手發言，討論就不會中止，即使熱烈發言的來來去去都是那幾個人。其他同學就各自玩電話、睡覺、聊天，又或自行離開討論場地。

當初學生質疑代議政制會削弱個體的權利，但實際上，並非廢除了代議士，就會人人都積極為自己發聲。「沉默大多數」的犬儒和不信任仍然存在，對群體事務的討論興趣缺缺。「如果你問我，我只是想學校的政策學生有份去參與決定，但那個體制是否一定要是學生議會呢？不一定的。」李以進說：「但我也會好自然地覺得，學生要參與就要組成一個board，除此之外我想像不到有其他方法。因為過往的經驗就是你沒辦法要求全部學生都去參與嘛，一直都只有小部份學生有興趣傾校政問題，就要有一個組織長期去凝聚這小部份學生。始終『群眾』是好模糊的一堆人，大家站在一起變了『群眾』之後，所有人的性格和參與都不會那麼鮮明了。」

另一個困難是環境因素：Student Voice在學校近四百人的劇院裡舉行，主持人站在台前，幾百個同學就坐在一排排的觀眾席上，要把咪高峰傳到想發言的人手上也要一點時間，不利於多方往來的對話發生；個性內向的同學亦較難在這樣的環境下暢所欲言。有學生就提到，其實自己也時常有想法想表達，「但在大庭廣眾下拿著咪講就好像好尷尬似的，所以多數都將想法收在心裡算了。因為見到那些站出來揸咪的人個個都滿口道理嘛，聽多幾個就覺得，其實每個人都有好多想法，那我不出聲都沒所謂啦。」

主持 Student Voice 的同學試過提供不同的表達渠道，例如讓同學可以即場遞紙條提交意見、由主持人讀出來；有重要議題時在班導師課先行討論，讓同學可在小班的環境下講意見、再由班代表在 Student Voice 上提出；後續關注小組也是將會議規模收窄以令討論更順暢的嘗試。採用這些方法後情況略有改善，但始終仍有一大群人在 Student Voice 裡的參與程度非常低。

如果 Student Voice 只是表達意見的平台，確實能發揮功用，但期望在此解決問題，多半會失望。譬如老師曾提出學生在學校附近聚集抽煙，既惹起途人非議，抽煙的位置也是禁煙區。於是學生就在 Student Voice 上討論抽煙的對錯，大家是否有自由在校外抽煙？所謂影響校譽是什麼意思呢？要怎樣改善呢？討論通常都沒什麼結論，主要是讓各方想法都能被聽見，大家嘗試互相了解。至於之後要怎樣做，都是學生自己決定。問題可以完全沒改善，又或收斂幾天就故態復萌。有同學就說：「我在這裡讀了三年，年年都傾遲到問題，真的好悶。我覺得守時是好基本啦，這樣也要拗？」

漸趨沉寂

Student Voice 設立兩、三年後，當初比較積極發言的同學都畢業了，討論會不時冷場，有一段時間甚至沒有學生願意出來主持。近年負責 Student Voice 的老師曾宇霆覺得，這幾年間書院的學生跟早期有顯著分別：「以前多一些反叛的同學。反叛都有好處，很有 energy。你鬧他、他鬧返你轉頭，這也是一種溝通。而且他們有團火，想做就即刻做，老師不需要給他們太多框架，自己找幾個朋友就會做到一些事情出來，百花齊放。但現在就比較多同學會摺埋自己，不關我事的就盡量不要碰，或者好介意別人怎樣看他，寧願留在自己世界裡。」

在這樣的氣氛下，能夠聚到比較關心學校的同學也不易，亦未必有能力或自信去主持一個幾百人的會議。二零一五年曾多次旁聽 Student Voice，幫忙主持會議的同學常常顯得怯場；有時介紹了當日議題之後問大家「有沒有什麼意見想講呢？」然後台上台下就陷入一片尷尬的沉默裡。對於離題或搗亂的發言者，主持人有時也會不知所措，以致討論東拉西扯、難以推進。而且常會有同學私底下閒言閒語：「憑什麼是由他們主持呢？」「想出風頭嗎？」「他們講得好廢啊！」負責主持的同學難免覺得委屈和沮喪。

Student Voice 發展至此，大大偏離了校方原初的想像。前助理校長嚴惠英三年前離職時已覺得 Student Voice 好像變了投訴大會：「大家勉強找點話題來講，但講來講去都是投訴。又說清潔姐姐做得不好，又說小食部不好吃。我們覺得這樣的討論質素真的不太行，但試過有不同的老師負責帶著同學主持，都很難。」慢慢有些老師開始不願出席。一來覺得討論沒質素，二來當同學抱怨學校，老師也自覺成為抱怨的對象而感到不快。

存廢之辯

創校第八年Student Voice時段開始被削減。先由每星期一次改為兩星期一次，與Mentor's Period（班主任課）隔周輪替；第九年又因為編排在全校周會之後，常因周會超時而被蠶食了大半。到了第十年開學（二零一五年九月），Student Voice更一度從上課時間表裡消失了，只剩下班主任師課。大家儘管常抱怨Student Voice無聊，但它始終是創意書院實踐校園民主的象徵，當要取消時，還是在同學和舊生之間引起一些反響和不滿。

老師們對於是否要保留這時段亦存有分歧。認為要取消的老師，覺得學生既然欠缺民主質素，空有民主形式亦是無用的，沒質素的討論只會浪費時間，應先從其他方式入手培養他們的民主意識；力主保留的老師則認為，正因為學生不懂，才需要設立每星期一次公共討論的機會，實踐就是最好的方式令學生明白民主的運作和意義。

無論支持或取消常設 Student Voice 的老師，都傾向留下空間，讓學生有需要時舉行全校大會。老師曾宇霆說：「照我的理解，Mentor's Period 和 Student Voice 本來是同一回事，只是規模不同。Mentor's Period 是在一班裡舉行的 Student Voice，如有需要，就用這個時段去召集一個年級或者全校的 Student Voice。我好想同學能夠重新召集，現在最大的問題是同學沒有事情想說，無理由老師挖時間來迫他們：『喂你們找些話題傾吓啦。』應該是他們自發的。」二零一六年開始 Student Voice 改成每月一次，在有需要時老師亦會因應情況加開。

創意書院其實有個核心問題一直沒處理——大家覺得在 Student Voice 談芝麻綠豆的小事很無聊，但若想在這裡談一些真正影響校政決策的大事時，勢必觸碰到師生之間的權力界限，這正是推動學生自主時最難拿捏的一環。

五　真諮詢？假民主？

一個社群若想奉行民主，卻沒有清晰制度劃分各方的權責關係，很難長久運作而不碰壁。因為在思想自由、多元開放的社群裡，人與人之間定會存在眾多不同的觀點。一般學校會以校長的權力來擺平各方分歧；創意書院不想行強權管治，就要有機制去為紛紜的意見作定奪。

畫枱公投是第一次嘗試將決定權交予學生，但出發點以教育和體驗為主，學生本身並沒有特定訴求想要達成。釋髮事件則是校方「聆聽民意」的結果，學生有強烈的意見，但採納與否，權力全在老師手上。再者，染髮不影響學校實際運作，學生的意願較順利地被採納，造就了一次皆大歡喜的「民主範例」。

師生間真正遇上難以調解的矛盾，是創校第三年開始實行的「遲到曠課逾二十次離校」政策。這規則是由學校領導層決定，老師之間討論過，但並沒有諮詢學生，甚至連老師之間都未達成一致共識便推行了。結果如上一章所述，部份老師對這制度並非完全認同，於是執行上鬆緊不一，帶來各種的問題。學生目睹有同學被開除，亦見到一些個案的處理有欠公平，便要求改用其他方案。

終於在創校第四年裡，校方決定透過全校師生參與的公投，以解決分歧。

五個選項

未開始公投，其中一個學生提出的方案就被老師們篩選並否決了。該方案是「無花果」提議的，當時他們曾多次討論遲到問題及解決方法。成員同學劉錦說：「我們重新思考遲到的本質是怎麼一回事。大家就講到老師和學生也就是人與人的關係，上學就好像你約朋友，遲到了，請飲茶又好、罰錢又好，朋友之間可以自己決定啦。所以我們提一個好天真的方案，就是乾脆不計算遲到，學生和老師之間自己協定一個解決方法。我好記得有次全校大會，由我代表『無花果』出去講解這個方案。May Fung 聽了都覺得好『正』。那次是全校的人都可以提意見的，之後應該是老師閉門開會，就把這個方案篩走了，但其他同學提出的方案都有採納。」

最終付諸公投表決的有五個方案。第一個是學校當時已運作中的「遲到曠課逾二十次要離校」，其餘四個都是學生提議的，與老師方案的主要分別是以分鐘計算。當時學生提出遲到和曠課的動機不同，嚴重程度亦有分別，若兩者都是二十次要離校並不公平。亦有老師指出，現行將遲到和曠課合併計算的做法，導致一些同學預見自己會遲到就索性不上學。故此五個方案裡有四個選項都是以分鐘為單位，計算方法不同。（見下表）

選項	內容	利	弊
一	遲到及曠課總數不可多於二十次，否則離校	方便行政	遲到的同學會選擇曠課，因兩者後果相同
二	以分鐘計算，遲到時間不可多於5%上課總時數，否則離校（全年上課總時數為82320分鐘，即不可遲到多於4116分鐘）	解決遲到與曠課並列的不公平問題	會出現遲到百多次、每次遲十分鐘的同學，未能培養守時及自律，亦影響課堂
三	遲十分鐘內視為「遲到」，總數不可多於200分鐘；遲多於十分鐘視為「曠課」，不可多於五次，否則離校	有效處理選項二會出現的慣性遲到者	常常遲到多於十分鐘的同學很快消失
四	遲十分鐘內視為「遲到」，總數不可多於200分鐘；遲多於十分鐘視為「曠課」，不可多於兩次，否則離校	有效處理選項二會出現的慣性遲到者	曠課兩次便要離校，比選項三更嚴格
五	以分鐘計算，出席時間滿95%以上才能取得畢業證書，滿90%以上才能取得修業證書。	鼓勵同學自律	可能出現一批無望取得畢業或修業證書的「幽靈」同學

學生票數（得票率）	103（30.7%）	144（43.0%）	16（4.8%）	4（1.2%）	68（20.3%）
老師票數（得票率）	35（51.5%）	4（5.9%）	10（14.7%）	9（13.2%）	10（14.7%）

兩道關卡

投票的方式卻引起爭議：當時採用兩輪投票制，學生和教職員分為兩組；第一輪由學生組和教職員組分別投票，組內最高票數的方案將付諸第二輪投票，學生組的勝出方案是選項二，遲到總分鐘數多於5%上課時間便要離校，得票超過四成，而選項一亦有三成學生揀選。教職員組則是選項一勝出，遲到曠課逾二十次離校，得票超過一半，最多學生支持的選項二則很少老師支持。

第二輪投票翌日舉行，學生與教職員合併投票，從這兩個勝出方案之中揀選一個。由於校方認為教職員的人數較少、只有八十四人，學生則有四百一十四人，所以教職員每票將乘大四點九倍計算，令教職員的總票值與學生相等。結果在第二輪投票裡，較多老師支持的「遲到曠課逾二十次離校」方案勝出，學生於是無法改變這條規則。

一些同學事後非常不滿：為何老師與學生不是票票等值？覺得很不公平。有些同學憤而批評這次公投是「做假」，不服投票結果。當時讀中五的學生 Kensa 後來受訪時便說：「遲到二十次要離校，從來都無明文講過這條規矩，不知為何現在變了一條規矩。但這是經過全校投票訂立？他說：「哦，那個『乜鬼』公投嘛？我都有投過，極廢呀個投票，無任何民意基礎的。老師有五票我們才有一票，你明知之後會得到什麼結果。」

回顧整場遲到公投，由開展討論到投票日歷時大半年，老師和學生均付出不少時間心力去商討和籌備；投票安排亦非常認真，模擬了真實社會的選舉，有票站、有擋板遮著的選票填寫區，投票結束後師生一起開箱點票。但帶來的效果，卻遠不如第一年的畫枱高峰會。很多經歷過第一屆畫枱公投的學生均覺得那次是愉快的經驗，感到學校尊重學生的意見、讓學生有權做決定。遲到公投卻讓不少同學耿耿於懷，甚至覺得老師只是假民主，連帶投出來的規則也在他們心目中失去認受性。問題出在哪裡？

畫枱公投相對簡單，只有兩個選項：可以或不可以畫，無論結果如何，都不會影響學校運作，大可全權由學生決定。那次老師只是主持討論，並無參與投票。遲到公投卻要決定處理的方法，為了確保方案的可行性，整場公投設了兩道關卡：第一道是公投的選項事先經過老師篩選；第二道是類似立法會「功能組別」的設計，透過選票比重加乘，保障學校裡人數較少的教職員，讓他們在票數上可與學生有相等的話語權。

必輸之局？

第一道關卡沒引起太大爭議，因為老師只是否決了「無花果」一個方案，而在否決之後亦有向「無花果」的同學解釋。劉錦說：「我們後來了解學校考慮到管理運作上的需要。我們的提議太理想化了，沒有去想學校的立場，譬如可能要計算出席率呈交給教育局。如果我們是私校就沒問題，現在我們有贊助人，又有政府資助，總要有一些數據交給別人看，讓學校可以繼續運作。」當時積極推動公投、也是「無花果」成員的老師李以進亦說：「因為最終執行的是老師，老師承擔的責任比較大，篩選是可以接受的。會議裡也不是一下子就否定了這個選項，而是經過討論，沒辦法接受不計算遲到。」

然而第二道關卡卻缺乏足夠溝通。學生 Miki 記得投票前曾有一群較積極關注公投的同學與老師討論過票數加乘的做法，老師向學生表達憂慮：老師人數較學生少，若不加乘的話，老師無論怎樣投都會「輸」給學生。「當時我們被說服了，因為不想在人數上以多欺少，乘大到一比一好像就很合理吧。但現在回想其實是不應該接受的。既然那五個投票選項已經過老師篩選，就已經衡量過『行政責任』之類的問題，再將票數乘大就更加不公平了。而且這條規則可以導致學生被踢出校，學生也有巨大的責任要承擔呢。」

當時亦有人提出，老師的顧慮背後是假設了學生與老師必然對立，只會考慮自己的利益；而事實上師生應該是可以互相說服的。如果老師有行政責任上的考慮，可提出理據以爭取學生的理解和支持，不必透過票數加乘來解決問題。

錯失的機會

Miki 記得，那次討論票數加乘的師生會面，只有一小撮同學參加，事前大部份同學對公投制度的設計沒有太大爭議。投票結果公佈後，大家才發覺這安排影響舉足輕重。雖然投票前老師在全校大會上講解整個公投的流程、選項及選票計算方法，但同學的關注點都落在各個方案的區別上，未有注意票數計算方式。「溝通並不只是有沒有講給你聽，實際師生權力並不對等，要理解制度的問題，也需要有相應的知識。當時讀書少，以為乘大了就公平吧，現在才知道，投票制度可以有很多不同設計和背後的理論。」Miki 說：「我覺得那次老師也不是故意要定一個令自己必贏的制度，只是大家都沒想得很細緻，或者根本不懂得。本來希望公平，結果卻相反。」

可惜這次公投結束後，同學的不滿沒再轉化為進一步行動，爭取建立更完善的決議方法。翌年誕生的 Student Voice 本來是另一次機會，老師在開學時規劃了議會的雛型，並開放予同學就議會構成、選舉辦法及議事規則提出修訂。若相關討論能順展開展，可以透過制度設計釐清師生的權限，確立學生參與學校決策時的方法和程序。但如上一節所述，當時的同學堅持沒有採用代議政制的必要，並將議會模式推翻了。Student Voice 變成只是討論和表達意見的場地，及後老師也沒再主動籌劃學生參與學校決策的方法。

學生亦通常只會在學校推出一些令他們不滿的政策時，才想要分享決策權力。在 Student Voice 剛推出的兩年，可說是書院氣氛最自由寬鬆的時代：前一年才公投的「遲到曠課逾二十次要離校」規定，開始出現不少酌情個案，阻嚇力大減，很多同學更連學校有「十大不接受行為」都沒聽過，創校時確立的價值原則變得形同虛設。當時就讀的學生 Iris 形容那兩年是「無為而治」：「我印象中無老師做過什麼決定，也沒什麼要去同老師『砌』的，基本上你想做什麼都行。」既然老師沒去行使權力，師生對立自然不明顯。

矛盾與暗湧

問題並未解決，只是潛伏。近年老師希望重整校規、回復一定程度的秩序，就惹起同學反彈，這些不滿卻無法透過參與學校決策而得到疏導。老師會跟學生說：如果你們不喜歡這做法，可以組織起來提出另一個方案。但究竟學生提出的方案要有幾多人支持，校方才會願意更改原本的政策？要經過怎樣的程序？往往沒有明確答案。

其中一個重要原因，是老師之間未有共識。他們傾向覺得「等你們真的組織起來再談吧。」如果組織不起來，證明學生也不是很不滿、或不滿的只是少數。但實況亦可以是，學生真的很不滿，卻因為看不見明確的目標及路線圖，亦缺乏資源和論述能力，故此才無法動員起來。而老師在這過程中所提供的幫助是頗有限的。結果，學生的不滿只淪為情緒化的宣洩，譬如試過有同學貼匿名的大字報、或在民主牆上批鬥老師。憤怒沒辦法轉化為追求變革的動力，亦未能建立對師生關係有益的、真實的溝通。

當Student Voice變成開放式的討論會，什麼都可以談，界限不清就更容易帶來矛盾。到底什麼可以讓學生決定、什麼是老師有最終決定權？要達成怎樣的條件才可舉行全校公投？公投結果有多大認受性和約束力？

在創校第七年，因為很多同學覺得校褲質料不舒適、容易破爛，不願意穿著，於是經公投決定往後可以穿款式相若的便服褲代替。這次公投的模式是全體學生投票，再交給老師和校董會批准。但當時部份校董其實並不接受取消校服，於是議案又有點不了了之，並未成為官方認可的政策。此後幾年師生一直在灰色地帶裡角力。學生嘗試以款式相近的便服測試老師底線，不同老師的底線又有分別，一時寬鬆、一時嚴打，沒有可靠和一致的準則。師生的不滿和無力感就在這些日復日的小事情裡累積。（這種狀況持續了三年之後，二零一六年學年又在師生間引發頗大爭端，終於再次舉行公投。結果決定上身要穿校服、下身的裙和褲只需跟校服同色便可，新政策亦已落實執行。）

對於 Student Voice 的功能，老師亦沒有一致的理解。有時老師會在 Student Voice 提出議題，然後開放給同學發表意見。但究竟是校方已經決定了、想借這場合知會同學並解釋政策理據？還是未有既定立場、打算諮詢同學的意見後再作決定？還是想交給同學決定？這些問題未必每次討論前都有說清楚，甚至在場的老師對於可以討論的範圍都有不同理解。於是經常出現同學討論得天馬行空、提出各種意見，但最後政策仍維持原狀的情況。「傾來也沒用」、「假民主」等指控由此而生，進一步加重學生的犬儒以及對老師的不信任。

發展至今日，Student Voice 討論會雖然在形式上被保留下來，但校園民主的嘗試似乎已進入瓶頸，無論對老師或學生來說，前行的方向都並不清晰。

看學校、看社會

雖然在學生自治的範疇裡，創意書院至今仍未找到最佳模式，但過去的努力亦達到一些成效。最直接讓所有學生都得著的，是在校園這個小社會裡有機會體驗公共討論、選舉投票是什麼回事。學生有更多機會接觸到民主自由的概念，也知道一件事可以有多種觀點與角度，而表達意見是人們理所當然的權利。在這種環境耳濡目染之下，雖然未必每個學生都成為活躍公民，但據老師們的觀察、或者畢業生之間都會覺得，大家對於政治的敏感度有所提升，看待社會事務的眼光也跟入讀書院前有所不同。

部份學生除了關心校政外，亦積極參與社會運動。對他們來說，校內校外的參與體驗可以互相對照，亦令他們對自己的信念有所反思。像「無花果」的 Miki，轉校到書院前已參與社運，在舊校亦不時抗議校方的規定，被老師視為眼中釘。「我入學時是個憤怒青年來的，因為在外面的世界，面對警察或政府的時候，見到的都是無盡的不公義，可能是一些後遺症吧。那時對所謂有權力的人，包括老師呀、校長呀，一些在上位者，都有種敵意。回看那時寫的傳單，是有種無形的憤怒在其中：『染髮都不准，還談什麼創作自由呀！』那語調是這樣的。」

「但後來在書院的經歷，令我明白別人多了，對於權力的看法也更加立體。那些比你位高權重的人，不是必然地惡，可能只是結構上存在這個 hierarchy。老師雖然跟你不是同一個階級，但不一定是對立的，也不是鐵板一塊，其實他們也會充滿著困難和矛盾。當然我到現在都覺得，老師身為一個比較有權力、有資源的人，他應該要對自己的身位多一點敏感。而 so-called 無權的學生，也要認識到『有權不一定evil』這一點，若然認定對方是壞人，也會造成溝通問題。」

聆聽的意義

另一位「無花果」的同學劉錦亦覺得，在書院的經驗令他對師生關係有新的理解：「我以前讀那間傳統學校，好多校規，好多麻煩的規定要遵守。老師決定了就全世界都要跟。來到書院會發覺，原來老師和學生不一定要是管理和被管理的關係，這些框架是可以打破的。老師不會永遠都處於一個高過你的位置，他會聽你講，亦願意去改變一些做法。當中的討論過程，可以讓同學有空間去發展一些人文關懷、或者對人的理解、一些互相體諒的價值。」

近年劉錦已讀完碩士，回到創意書院擔任視覺藝術科老師。對於現在的學生不滿意Student Voice的討論，他覺得可能是大家的期望不同：「我進書院前不知道這裡的傳統會討論校規，覺得好新奇，亦比較珍惜這機會。那時同學會願意聽校方的考慮，改變原本想法的空間比較大一點。但後來的同學，可能一早知道這間學校可以這樣，覺得這是學生的權利。這種『本身有』，和我『本來無、原來可以有的』，會導致一些心態上的分別。」

儘管決策效能不高，但 Student Voice 年代的學生亦有他們的體會。譬如 Tommy 就覺得身處群體當中令他更明白自己：「有機會去講自己的想法、表達自己的環境是重要的。以前在傳統學校，即使你想講，可以講給誰聽？沒有人會將你的意見當是一回事。但在這裡，會有人去理解你，人與人之間好多尊重，大家或多或少都希望令到學校更好而坐在一起。即使有些同學覺得浪費時間，甚至有時我都覺得題目好無聊，你們討論食煙，我又不食煙。但就算我無份講，我坐在這裡，都會思考、想想對錯。未必每件事都要有立場，但聽其他人講的過程中，也會更清楚自己是怎樣的人、站在怎樣的位置。」

近年畢業的世圖則覺得這是個了解他人的機會：「Student Voice 的問題是只得一節課，而我們沒可能在一節課的時間裡照顧得到幾百人的意願，於是每件事都要談很久，很難達到實際可以執行的方案，大家就心灰意冷，覺得無意義。但我自己覺得討論本身就是意義了，討論裡『有嘢學』。最起碼會聽到其他人的想法，聽到自己沒想過的觀點，帶來新的啟發。『三個臭皮匠』嘛，那裡有成幾百個臭皮匠呢！。」

如何在一起

老師蔡芷筠提出了一個例子：「我前年教的一班裡，有些同學上課時的破壞程度好高，會玩啦，做好多滋擾上課的事情；不只我好難應付，其他同學都覺得沒法學習，嫌他們好嘈。我就跟全班一起傾，『究竟大家想我點呢？』他們見我這樣問，很快就說：『是我們太懶嘛』。我說我不是要你們承認自己懶，而是有什麼方法可以令到大家狀態好一點？於是他們就提到，上次離開課室去某某地方傾比較好，那就一起再試吧。我覺得這些群體經驗實在太重要了。有事要擺出來，大家光明正大去討論。就算不是即時解決到，起碼大家一起去面對，知道問題所在，不要各自各不滿但又拒絕溝通。」

她覺得創意書院很強調「創意」，可能會更加強學生自我和孤獨的傾向。因為創作正正是一種自我表達，也是很個人的事。熱心創作固然重要，但若不同時強調群體，學生容易變得自我中心，只關心自己的立場和意見，而不會易地而處去理解他人。「同學常常覺得表達了意見你就要聽，但就無耐性去討論或協商解決方法，你不跟他的意見去改就是不尊重他。真正的民主根本不是這樣的。」

近年的學校發展計劃已沒再提及「學生自治」，論及學生發展方針時轉而強調培養「團體合作精神」和「民主雅量」，可理解為在上述背景下所作的調整。在學校裡實踐學生自治，關乎公民教育，社會關懷作為一種重要的公民素質，也就是一個人如何跨出「我」的界限，進而關心屬於「我們」的公共領域裡的事情。讓學生學習溝通、協商；既有自己的主張、也懂得為了群體的福祉而退讓。學校教育若能培養出這種精神，也是為民主社會的順利運作打下基礎。

第四章　學習，另一種可能

一

拍電影，看世界

四年前世圖入讀創意書院時，就像個隨便在旺角街頭都能碰到的平凡男生，讀的中學在全港屬中上級別，但他中一已經留班，之後年年都在留班邊緣「試升」。

偶爾他會發憤一下，很快就嫌辛苦放棄，只有中文科比較好：「小學三年級時很流行一款電子遊戲『三國無雙』，剛巧家裡有《三國演義》，我晚晚讀到兩、三點，全套讀完。那遊戲令我想像到當時的情景，讀得很投入。」但自此之後又很少認真看書了。除了打機，另一個嗜好就是跳 break dance。

平凡男生也有自己的感受：「一直都很想離開那間學校。那裡的老師都好想我走，成績不好，操行不好，也不太交功課，而且與別人的相處也處理得不好。男女朋友的關係呀、跟老師的關係呀，我覺得好多人都不喜歡我。不過最令我想離開的不是那些討厭我的人，而是那些制度，一些很不合理的規條。譬如頭髮不能過眉，譬如朝早一定要集會，大家站在操場曝曬，校長就有簷篷遮住。我到現在都很記得那畫面。又有訓輔組啦，又有留堂室啦，逼你在裡面抄字典。舊校的老師工作好忙，真的無時間了解每一個學生在想什麼。」

中三那年朋友打算轉讀創意書院，叫他也試試，於是兩人一起去書院的開放日。「覺得學校好正囉。好膚淺地覺得正、好free，而不是什麼『好想讀藝術』那樣。」他也沒跟父母說，自己偷偷來面試，轉校的家長信都是冒簽的，開學才告訴他們：「阿爸不太喜歡，但我不記得原因了，阿媽就支持，覺得這個機會是我自己爭取回來。其實他們都不是很嚴的家長，我三、四個月大他們就離婚了，我跟爺爺嫲嫲生活，由細到大都沒什麼人管我。」

現在回看，世圖覺得轉校是重要的轉捩點：「如果沒轉來這裡會怎樣呢？可能就一路讀呀讀，捱到上中六，然後像大家一樣畢業找工作吧。」但當時他看得比較簡單，純粹覺得自由了，很開心：「入來都沒打算認真讀書，就是滿心期待，覺得這間學校多靚女，同學又有型。」愛打扮的他第一天上學就不肯好好穿校服，下身穿了牛仔短褲，「覺得這間學校應該可以吧？」結果在校門口就被副校長陳婉芬截停，要他換好校褲才能回來。

開學後世圖仍是得過且過，對書院重點的「創意專業導向課程」CPOP 也漫不經心。CPOP 分「多媒體表演藝術」、「電影與數碼藝術」、「設計及視覺傳意」、「環境與空間研習」四個科目，中四全年就劃分成四個學期，各佔七至八個星期，學生每個學期讀一科，對各個藝術媒介有基本認識後，中五再選一科專修。每學期最尾的一週定為「創作週」(project week)，整個星期不用上課，同學可以全情投入創作，最後一天大家聚在一起觀看和評論彼此的作品。

世圖記得中四那年的 CPOP 電影課，老師不斷播大師級的經典電影，又長又無對白，他由頭到尾睡覺，寫影評的功課都是上網找些現成的文章抄襲了事。但創作週避無可避，一定要自己拍一套短片，他勉力完成，自覺拍得相當難看，老師同學的評價也不好。同班有另一個同學，進書院前已經懂得拍片了，本身也很有天份，創作大展身手。「播完我那條片之後很快就播他的，望著他的作品，好好睇，又好多人讚。我坐在一旁覺得好難過：為什麼人家這樣厲害？為什麼我就這樣廢？那同學應該是見到我眼濕濕，就對我說：『我只是比你早開始學而已。』」

世圖聽了很不服氣，下定決心之後的每個創作週都要用盡一切努力，不想再輸給別人。「是一種好細路仔好低B的熱血。」他笑說：「但這種低B，對我來說是重要的。」接下來那學期的CPOP讀設計及視覺傳意，他決定用膠樽砌一朵花，還很執著地只用某一個牌子的膠樽。「於是整個project week我就喝了好多支那牌子的飲品，那次真是努力到爆肝的地步，人家出去吃飯我都在做，好幾天沒睡覺，現在仍記得那種辛苦。結果作品做不到我心目中的效果，細節位是漂亮的，不過整體不好看。」但世圖的努力，老師們看在眼裡，得到「物料探索獎」。「是很重大的成功感。」他說。

鏡頭裡的社會

中五要選專修，世圖選了電影。「已經不太記得為什麼，可能都是那種『之前失敗了，一定要拍返好』的感覺吧。」結果這年就遇上他的啟蒙老師盧鎮業（小野）。小野是新晉的獨立電影導演兼演員，只比世圖大幾年，亦師亦友。世圖最深刻印象的，不是他上課時教什麼，而是他的行為處事。小野常參與社會運動，作品亦多與社會政治議題有關，關注備受壓迫的群體。世圖讀中五那年，政府屬下的藝發局頒發「藝術新秀獎」給小野。正值碼頭工潮，他決定效法馬龍白蘭度邀請人權份子到奧斯卡代領獎項，邀請了碼頭工人阿四上台發言，批評政府漠視勞工權益。後來小野受訪時說，行動的對象不只是政府，也希望藝術工作者反思，不要被獎項與名利收買，藝術的本質不應離開生活和對社會的關懷。

杯葛頒獎禮的片段被網民瘋傳，世圖看了覺得小野很厲害：「他讓我知道電影可以是什麼，也開始思考電影與這個世界的關係。」他記得小野介紹他們看上世紀五、六十年代成名的法國左翼導演 Chris Marker，關注工運、革命、反越戰。Chris Marker 拍攝工運紀錄片時，不只拍工人，還跟他們一起生活，教導工人掌握拍電影的技術，讓他們透過影像為自己發聲。電影對世圖，慢慢地不再只是一份功課、做得好過別人就謂之成功。「原來我可以通過拍電影去決定一些事情，可以決定鏡頭裡面的世界是怎樣的。電影除了是娛樂，也可以是實踐自己理念的方法，由你選擇拍什麼，然後播放給其他人看時，所關心的事情又可以給更多人知道。」

後來小野跟另一位獨立導演黃飛鵬合拍香港電台劇集《最後的地圖》，講述新界古洞鄉村及觀塘工廈區的迫遷故事。小野找了一些創意書院學生包括世圖參與拍攝工作，過程中除了實習機會，世圖很喜歡整個團隊一起做事。「不知不覺認識了更多有共同理念的人，他們都關心社會，也會跟你分享他們所知的事。分享很重要，以前的我，根本不知道社會上有這些事情發生。」

他也開始重拾對書本的興趣，中四他本來選了「設計與應用科技」作為應考文憑試的選修科，後來中途轉修「倫理與宗教」，跟著老師閱讀《正義論》等經典。「暑假時我們還有政治哲學讀書會，一星期回來一兩次，差不多全班都有參加，比平時上學還認真。大家討論什麼是自由主義、共產主義、社會主義、資本主義等；讀些好厚的書，那段時間真的學到很多。倫理課好影響我怎樣理解這個世界、思考我所期望的世界應該是什麼模樣。」

記錄家人

世圖中五時的 CPOP 作品從身邊人入手，拍攝自己的爺爺嫲嫲。前一年兩老在汕尾的祖屋被颱風吹塌了，他們很想重建祖屋、回鄉終老，世圖的姑姐好不容易完成兩老的心願，爺爺嫲嫲知道後很開心，每天都在倒數祖屋落成的日子。但對世圖來說，祖屋建成也意味著離別。於是他在家架起攝錄機，拍下這段時間祖孫三人的生活。「在我目前的生命裡面，最親近的人必然是他們，但他們一直想要搬回家鄉。每次提到這件事，他們總說祖屋將來也是你的，我卻不能理解祖屋跟我的關係。」

世圖把攝影機長時間地放在家居角落進行觀察，有時自己也走進鏡頭，與爺爺嫲嫲對話，一次討論到回鄉的事時更崩潰地哭了。「其實沒什麼意識、資源或條件去運用老師教過的拍攝手法，大部份片段都是當下即時的反應。後來剪接時發現，我不只在觀察兩老，也面紅耳赤地理解著自己。家人之間即使很愛對方，也不習慣說出口。這次卻令我更了解他們，也更知道自己的想法。這樣說有點肉麻……我覺得拍攝好像令生命與生命之間的關係拉近一點。回想起來，我相信小野教過的創作方法和技巧當中，最重要的就是真誠。」

短片名為《汕尾沒有三文治》，拍下了祖孫之間無言的愛，也表達出老一輩對家鄉的觀念、對生死的看法。馮美華對此片的評語是：「充滿生活小節、情感真實自然而不矯情，使人感動。這創作少年的電影感相當強，作品算得上完整悅目。」

世圖這次的功課不只獲得校內 CPOP 獎項，也在 IFVA 獨立短片及影像媒體節學生電影節的大銀幕上放映。原本憑公開試成績難望升讀大學的他，憑個人作品和面試表現獲國立臺灣藝術大學取錄，現正修讀電影系二年級課程。

四道大門

世圖從對學習和將來都沒什麼想法，透過創作慢慢找到自己的出路，CPOP 課程是關鍵。

「從書本學習，只是其中一種方法。」現時負責統籌 CPOP 電影科的獨立導演陳浩倫說：「能夠這樣學習的人，大概天生就有某種耐性和溫馴，而這間學校的同學很多都在情緒上比較『翻滾』。他覺得讀書沒意義，你迫他聽書也不會肯聽。既然他不是一個可以坐定、乖乖地吸收知識的人，不如早點給他另一些經驗，帶他行出去，介紹和參與社會一些事情。換一換場景，他們往往也會換上另一副面孔。」陳浩倫試過帶學生造訪新界東北的農場，幾個平時一派憤世嫉俗的學生，有機會親手從田裡摘菜吃時卻變得非常雀躍，熱情地跟農夫聊天請教。又帶過學生幫忙去老人院辦放映會，平時沒什麼自信的學生獲老人家和姑娘稱讚，感到受重視，人也積極起來。

生活的經歷、實踐的機會，可以令學生變得很不一樣。CPOP電影科的老師都是不斷創作的獨立導演，近年他們開展了「電影學徒實習計劃」，就像世圖跟隨小野拍攝電影，學生跟隨書院的老師與校外的電影從業員和演員合作，在真實的電影拍攝場內以學徒的方式學習，不僅應用課堂上學過的拍攝知識，也有利於團隊合作和責任感等品格培養。有別於一般功課或校內創作，大家合力完成的電影真的會向公眾放映，學生也更有動力參與並有更大成功感。

香港考試主導的學習環境，不少學生被迫埋首書堆、參與自己沒興趣的興趣班。有學生跟書院的老師行山時說起，以前從未體驗過走在泥土路上的感覺，因為以往的學校旅行只會去不同的公園，腳下永遠是石屎地。主流教育也不重視文化藝術方面的培養。另一位電影科老師陳上城說：「我們收生面試時問學生喜歡哪個 artist，他們會答『卓韻芝啦』，問他喜歡看什麼電影，『嗯……葉念琛那些我都鍾意的。』其實能夠講得出一兩個名字已經算好叻，大部份都不懂答，或者說『家人不准我去看電影。』」

學生的文化養份不足，創作亦找不到題材，構思劇本時往往就將平時看的電視劇情節搬來用。「他們好多時想得天花龍鳳，又車禍、又放火、又強姦人。」陳浩倫說：「我就話，你不如想想，有什麼是你自己真心關懷的？如果他腦裡實在太過空白時，我就會叫他們去拍自己阿爸阿媽，回到最基本的、跟你最密切的人身上。現在教育制度的問題就是所有東西都太抽象，只是一場考試的遊戲，跟生活是割裂的。我們帶學生出去，只是讓他見一些真實的人、真實的生活，讓他有多一點不同的經歷。改變或許不是當刻發生。有年我帶他們到坪輋和馬屎埔，他們在現場好無禮貌，自己聊天，也不聽村民的介紹。但後來立法會審議新界東北發展的撥款，你想也沒想到，他們一個二個自己去了集會，因為他們見過那些農夫。

或許他也不是很清楚東北發展的細節，但他願意走出去，就是一次改變的機遇。」

表面上CPOP四個學科是四種專業技能，但陳浩倫形容，對學生來說是四種不同的經驗，通往不同方向的四道大門。每一科都用獨特的方式開啟學生的眼界和思想。「電影與數碼藝術」把學生帶到不同的場景、觀察真實世界裡的人和事。「環境與空間研習」培養學生對環境及城市空間的感知，進而鼓勵他們思索，怎樣將我們生活在其中的空間改良得更美好。「設計與視覺傳意」則是一門溝通與解難的技術，如何有效地將訊息傳遞給他人？如何用不同的眼光觀看尋常物件、設計出能幫人解決問題的東西？學生將會從中學懂理解他人的需要及思考方式。這三個學科都較著重向外探索，開啟學生對世界的好奇心、同理心及感受能力。

而創意書院老師對「表演藝術」科的處理，是更著重內省的、心靈上的探索與表達，它發揮了藝術教育的另一重功能：發掘、面對、並向外界傳達自我的感受。

二　舞台上，回歸自身

「創意專業導向課程」（CPOP）的框架和授課內容歷年來多次變動。創校團隊的原本想像是較大專程度略淺的、初階的專業教育，邀請了一些知名的創作人和大專教授撰寫整套課程，由淺入深，兼顧知識、理論和技術培訓。但開校之後卻發現這樣的課程太深了，尤其最初幾屆的學生，普遍非常抗拒正規的課堂學習，預先寫好的 CPOP 課程幾乎完全派不上用場。CPOP 老師每個學期都因應任教班別的特性而決定授課的側重點，甚至每一節課也視乎學生的狀態和興趣加以調整，由初階專業教育，轉而變得更重視學生的個人成長。

每位老師對藝術教育的見解及所使用的方法雖略有差別，CPOP 課的學習和創作經驗對很多學生，都成為發掘和建立自我的契機。他們透過創作發展出對身邊事物的感知能力，變得更了解自己，亦嘗試以不同媒介表達自己的想法。部份同學更從中發現自己的專長和興趣，為畢業後的人生發展找到方向。尤其高中生正處於成長的關口，藝術創作是一種自我表達，讓同學面對自己。

這效應在「多媒體表演藝術」科最為明顯，要求學生直接把自己放到舞台上。「演出就是關乎你怎樣面對自己、面對他人。」曾任教 CPOP 表演藝術科的舞蹈及劇場創作人黃大徽（Dick）說：「當我有某些訊息想向你傳遞，而你看著我、希望接收這訊息，我們之間就是表演者與觀眾的關係。一個在看、一個被看，這就構成了演出。所以老師對學生授課是演出，我現在跟你做訪問也是，將來同學要去見工、面試，都是一種演出。如果從這個方向去認識表演藝術的話，對同學未來的生活或工作都會很有幫助。」

黃大徽有一年負責教一班中四學生，遇到頗強烈的反抗。他在學期開首的三節課裡，主要透過現場習作，讓學生思考演出的本質，體驗表演者與觀眾之間看與被看的關係。第一個練習便是要他們每人輪流站在課室正中央，面對著觀眾（其他同學）一分鐘，什麼也不用做，保持平靜的情緒站著，自行估算夠一分鐘就可以返回座位。

同學發現原來被觀看時，各種感覺都不同，譬如對時間的感知，對自身情緒的覺察。有些同學的不自在表現為左顧右盼、不斷調整姿勢；有些則是神情繃緊。有同學選擇低下頭、不望觀眾地度過這一分鐘；也有少數同學找到讓自己放鬆和集中精神的方法。完成後，黃大徽解釋這次練習的意義，與同學短暫討論後，著他們寫下剛才那一分鐘的感想。

翌日的練習裡，同學要選一個朋友負責讀出這篇感想，自己則可在房內任何地方，以任何方式，譬如身體動作、房內的物件道具表達感受。結果有幾個同學都選擇站到柱子或白板後面不讓人看見。有同學的一分鐘感想就是四個字：「完啦好嘛？」也有人隨便找張椅子坐著玩手機，以拒絕表演作為他們的表演。而台下觀眾也開始表現不耐煩，有些同學睡覺、玩手機，逕自聊天或走出課室。黃大徽覺得不應為無心上課者打斷氣氛，反而影響到投入表演的同學，所以並沒有出言干涉。

黃大徽還順勢將練習內容改變，回應同學們這種狀態。譬如有個練習是一半同學出來睡覺，另一半人觀察他們；一半人坐在觀眾面前玩十分鐘手機，另一半人看著；然後大家運用所觀察到的東西做一分鐘演出。「有位同學的觀察力好強。他說，通常大家在自己的座位上玩手機都是笑容滿面的，但剛才出去玩手機的人當中，沒有一個人笑。」黃大徽說：「我感覺到他們很多時不肯行出去，是因為這樣的處境會令他們更覺察到自己的存在。而且這個存在是要被他人看見的，他們當中有些人會很想避開這種情況。手機本來是他們最熟悉的，但對他們來說，可能愈是貼身的東西，就愈覺得 heavy。」

兩節課過後，同學們顯然不喜歡這種上課模式。似乎同學對表演藝術的理解，就是按著劇本去飾演某個角色，是一套扮演別人的方法，而是不把自己擺出來讓人看；也有同學覺得上完課也沒有更認識表演技巧，擔心創作週時不知如何應付。黃大徽覺得他們似乎誤解了表演藝術科的目標：「其實不是學做戲，而是學創作。以創作來說，什麼為之技巧？是否你想扮棵樹就扮到棵樹、想像一朵花就扮一朵花？」

「演員是另一回事來的，而現在的劇場界裡，亦要做一個懂得創作的演員。譬如舞蹈，以前排舞，編舞者已經定好了動作，舞蹈員跟著跳，現在很多時是編舞者給舞者一個課題，做出來後，再在裡面提取適合的動作組成一套演出。舞者要有自己的想法，參與創作的過程。所以回到表演最基礎的概念，就是你首先要能夠站出來面對他人。如果你連人也未面對到，怎樣演出？若然他們覺得，我有一個好劇本、或者我很懂演戲，我就不怕面對人了，這是本末倒置。」

儘管黃大徽跟學生傳達這些想法，每次課堂習作也有講解，但同學們還是以「好悶」來概括各種不喜歡、不理解、不滿意的感覺。第三節課有同學便借用其中一道習題的演出表達他的感受：「其他班都説多媒體表演藝術課好好玩，為什麼我們的課又悶又難捱？」黃大徽很開放：「我覺得好呀，你有感覺，也願意表達出來，提出了你想要什麼。我就回去想想，轉用另一個方式。」之後的課堂他改為玩遊戲，譬如要學生用「一粒音」來對話，例如「吓？」、「哦！」之類；也有一些遊戲是不能發聲，只用身體動作去傳遞意思。其實本質上仍是要同學用聲音、身體、或其他方式表達自己，同時觀察他人的表達並與其互動。

打開自己

同學互相觀察的同時，黃大徽也在觀察他們。相處一段時間後，他慢慢從同學和其他老師得知，這一班裡有不少從傳統名校轉來的學生，從前的學習生活都不太快樂：不適應學校的催谷和競爭、與老師起衝突、或者本身家庭情況複雜。這些經歷令他們與別人之間豎起一幅高高的圍牆，有的憤世嫉俗、冷嘲熱諷；有的是冷眼旁觀、沉默離群，也有些常常以嬉笑胡鬧的方式令話題終結，要建立真實的溝通並不容易。而這樣的一群人當然也不會相處得很融洽，班裡有不同的小圈子各自為政，與班主任亦鬧得不愉快。

黃大徽說：「我教了四、五堂之後就感覺到，在我面前的是好多挫敗感。他們的眼神，憤怒、抑壓、憂傷，有位女生經常無端端哭起來，很多情緒。那我應該如何去處理？我覺得要試試從他們的角度出發吧，首先要明白、了解他們。」

他順應同學的要求，將課堂模式改成遊戲為主後，課堂氣氛好轉。遊戲增加了互動，本來不熟的同學慢慢打開隔閡；學生抱著玩的心態，比較不覺得是被指令去做事；再加上見到黃大徽因應他們的意見而改變，開始接納這位老師。

師生及同學之間的關係變好後，學生較願意在演出中表達自己心中所想。有次他讓學生從三個處境當中選一個主題演出，分別是舞蹈室裡的鏡、天花板、窗外的風景。有一位平時很著重打扮的女生坐在鏡前面，對著鏡說：「我當然明白他為什麼不要我啦，他怎會要我呢？」黃大徽覺得有驚喜：「她很明白鏡是什麼，又毫不介意觸碰這些，一般女生好少願意這樣說。這些瞬間，你感到他們心底裡有很多東西，只是有某些位置卡住了，內裡是活生生的、跳脫活潑的。」

離開上課的處境，學生亦會判若兩人。學校裡的「CPOP房」擺放創作用的物資，負責CPOP科目的職員在工作，也有好幾張沙發、偌大的工作枱、飲水機、雪櫃和零食等。一些同學課餘喜歡在此閒聊或創作，CPOP老師也會在這空間聚腳。「有一個學生，好奇怪，總是在CPOP房才會主動跟我說話。那次他問我覺得他project week的創作構思如何，我訝異他會問，因為平時總是很酷的。我說：『我完全體會到那作品跟你的關係』於是他就跟我聊天說笑，聊到某個點他覺得好正，還好雀躍地說要把這元素放進作品裡面。我覺得這種交流的方式、或者能令學生有所領悟的時刻，對我來說是好重要，差不多重要過上課的時候。」

黃金二十秒

「但有些問題我就始終解決不到，譬如學生玩手機呀、睡覺呀，還有那些好波動的情緒。」黃大徽說：「他們每次上課的 energy 都很不同，可能與我關係不大，如果他們當天狀態好，就會好願玩，好願意開大家玩笑，好有群體精神，這氣氛也會影響到我，我可以將他們的 energy 再推高一些。可是這種狀態卻沒法累積，一般群體如果經歷一次好的經驗，就會形成某種 dynamics，延續到之後的相處。但他們不是的，今日的氣氛好好，第二日已經可以完全不同，又變成你要出盡九牛二虎之力才可以推動到一點點。」

手機是他的另一個敵人。「玩完原本有好多元素可以拿出來討論，有 debrief 就不止是 playgroup，那些遊戲其實全部都可以再進階的。但只要你想正經講，他們就會玩手機。你只有最多廿秒時間，一過廿秒，他發覺『你來真的啊？』立刻就不想聽了，一個二個的眼光都轉到去手機上，無人再望你。這對我來說是很

discouraging的。」

在這一代學生的世界裡，二十秒可能已經很長。黃大徽記得有日要求學生每人上網找一段短片放給大家看，有人找了一條片，所有段落都是七秒，七秒鐘講一件事、七秒鐘講一個笑話，不斷地轉換。「早幾年有個好流行的年輕藝團也是這樣，節奏永遠非常急速，好快就轉一個scene。開頭你會覺得好fascinating，但看了大概四十分鐘就覺得好累。快到一個地步是沒意思的。現在的年輕人是這樣，如果我要維持到他們的注意力，就要好靈活地轉變。」

黃大徽只能盡量用最簡短的一句説話，把握適當時機「點醒」他們。他發覺這群學生其實好聰明。有個女生平時不是睡覺就是玩手機，從來正眼也不望他一下。但創作週開始的第一天，她已經把整個劇本、六場戲都寫好在手機裡面，比其他同學都快。「所以你說話時他們可能都有聽，只是不去做而已。」

當學生願意投入，那是極其迷人的。黃大徽在創作週發現一個女生原來對舞台燈光很有興趣，「她不但記得每盞燈的編號和位置、功能，而且任何一個人她都樂意幫忙。『你想要什麼的效果？要暗一點？還是怎樣？』班裡差不多每個同學都是透過她的建議去揀燈，我見到她對一樣事物產生興趣後，散發出的自信、樂意跟人分享……所有的熱誠、專注都顯露出來，我看著真有點被感動了，這完全就是『學習』的最佳狀態。」但其實教燈光那一節課上，這同學也是跟平常一樣嬉鬧，完全看不出她有把老師的說話聽進去，「所以我就說他們聰明囉。」

最後到了創作週最後一天的正式演出，沒有同學做不出作品來，而且令人驚喜的是，他們都很坦誠地透過作品表達了成長中的各種困惑、創傷和孤獨感。表演內容不乏與死亡、暴力、性愛有關的情節，亦透露了家庭關係的破裂或疏離、性別認同的疑問、社會加諸個人身上的壓迫等。另一位表演藝術科老師胡智健的評語是：「好黑暗、好扭曲，我可以看見他們每個人背後都有一些扭曲的東西，但這種扭曲也是引人入勝的。」有應邀擔任評賞的劇場界嘉賓亦說：「一般青少年戲劇節是不會見到這種演出的，通常在那些戲劇之中，就算主角離家出走、最後都必定會回家大團圓結局。但同學們的演出非常真實地反映了他們的情緒和社會現實。」演出讓學生處理或釋放自己的一些鬱結；而當這些自我表達得到觀眾和老師們的肯定，他們亦感被接納。

這班的班主任直言：「以這班同學的成長環境，會做這樣的作品並不出奇。」他欣賞同學們敢於突破和表達自己，喜見在演出過程中，同學們打破了以往的小圈子。中四的創作週雖然規定做自編自演的個人作品，但也需要同學幫忙控制燈光、音響、搬道具、飾演配角等工作，幾乎需要全班幫忙。大家合作時展現的默契，與學期初各自為政完全不同，同學們之後分享感受時亦説，這學期的表演藝術課將他們彼此拉近了，真正成為「一班人」的群體。

在這七、八個星期的教學歷程中，黃大徽常把一句説話記在心中：「勿強開其所蔽，而抒其所欲發」。「這是我在中醫書籍上看到的，是他們對情志治療的綱領。」如果套用在這群學生身上，就是不要迫他們去做他們不想做的，反而要看看他們有什麼想做，然後你幫他們去達成。」學期初時他希望能啟發學生思考、習慣面對自己與他人，這些目標都沒改變，但手法則是不斷調整。「他們不要什麼是好清晰的，不要權威、高高在上地說話，對於權力很敏感。但想要發出來的是什麼呢？」每堂課他都在觀察學生們的個性和想法，協助他們將內心的東西表達出來。

後來這班同學都開始喜歡他，有學生說：「最討厭有些老師好容易標籤人，只要你跟他意見不同，你就是麻煩友。但阿 Dick（黃大徽）不是這樣，他尊重我們。」

三

藝術與中文

創意書院八成上課時間，學生都在修讀與主流中學無異的傳統學科，老師發揮的空間相對 CPOP 比較少，而最艱難是處理學生過去多年對這些學科的偏見和挫敗感。當學生認定自己英文不行、認定數學是沉悶的，無論老師如何變換方法，學生的心不願意打開，學習就難以發生。

大多數同學在進入創意書院以前，都沒讀過設計、表演藝術、電影錄像等科目。就算有些同學演過話劇，學過舞蹈或繪畫，主要是學習技能，而不是藝術創作。CPOP 課堂裡大家都是像一張白紙般從頭學起，老師設計課程時也是以「不需要任何基礎都學得來」為原則。

中英數這些傳統學科，同學則需要在過往的基礎上學習。然而創意書院收生時主要考慮學生對藝術的興趣和天份，收回來的學生由 Band 1 至 Band 3 都有，學科成績非常參差。有些同學連基礎英文生字都串錯，數學最差的則不懂通分母，無法理解正比、反比等概念，一直停留在小學程度。「英文最差的，可以連 girl 都不懂串。他們整個人已經 shut down 了，完全拒絕接受英文。」英文科老師黃庭芝說：「他們說自己總是坐在課室最後排，被老師完全無視，就這樣過了九年。」更極端的例子是，有些學校會將欠交功課或有其他學習問題的學生隔離，到另一些課室罰抄、停課等，失去課堂學習的機會。另一方面，一些從傳統名校轉來的學生雖然能講流利英語、學科能力也是正常高中程度，但經歷名校裡高度競爭和催谷，對學習抱著各自的偏見和心結。

面對這樣一群學生，如何令他們重拾學習動機？

最初提交的辦學計劃書裡，創校團隊已強調這是實踐創意教育的學校，不止培育出「有創意」的年輕人，也期望在教育過程中，可以開發出有別於主流死記硬背、應試為本的教學模式。在建校階段，馮美華進一步提出「薈藝教育」（art in education）的構思，收生對象既然包括一些喜歡藝術、但不適應主流學習模式的學生，若在傳統學科課堂裡都滲入藝術元素，或者可重新引發他們對知識的興趣，也能讓學生體驗學科知識如何在實際生活中應用。

馮美華想像的薈藝教育有兩面：一種是從學科出發，找與之匹配的藝術品作為教材，譬如很多經典名畫裡的美感和比例，都可以用數學解釋和計算，老師可從分析名畫入手，帶出背後的數學公式；另一方面則是教創作科目時制定一些能涉及其他學科的題目或要求，譬如學生要做關於九龍城空間設計的作品時，需要研究街道文化、啟德機場的變遷等，可以跟通識或歷史科合作，做報告時也可以練習語文科的演講和寫作能力。

「我相信透過藝術，學生可以學到他一生人應該要學的各種東西，英文、中文、歷史、通識、數學，也學到做人。」馮美華說：「我一輩子都與藝術有關，我自己在藝術裡得到很多。如果有個小孩很喜歡足球，也可以搞 Football in Education 的，跟他談足球的規例、足球的歷史、足球的詞彙，告訴他圍繞足球的是個怎樣的世界，透過足球，可以教曉他所有事情。每一個知識體系都是完整的，因為辦創意書院的都是藝術家，所以就用藝術；如果是一班球員去辦學校，就透過足球去教了。」

文學的跨越

薈藝教育在中文科較為容易落實，語文本身就是創作媒介，過往中文科的範文和考試內容也主要以文學作品為基礎，尤其近年的中文科課程改革著重「讀寫聽說」的能力培養、減少以至一度取消範文，老師在取材方面就更靈活。

譬如教修辭手法，可以流行曲歌詞為教材，很多電影也與文學作品有關。近年書院老師就帶過學生一起去戲院看《黃金時代》，同時研讀蕭紅的小說作品，一起去聽文藝團體舉辦的蕭紅座談會，了解導演許鞍華的創作歷程並閱讀相關影評。CPOP電影科有時講到與文學作品有關連的電影時，中文科老師亦會配合，在課堂上導讀相關作品；教授漢字結構時，中文科老師也會論及書法和字型設計，並跟CPOP的「設計及視覺傳意」科有一些相對應的習作。

轉制至新高中課程後，中文科可利用六分一至三分一的課時教授選修單元，學校亦可按學生的興趣和能力自訂選修單元的題目。創意書院將選修單元定為小說及散文創作。前中文科統籌老師梁璇筠說：「其他學校如果選小說做選修單元，通常會做古典小說賞析，《鶯鶯傳》、《西遊記》等，其實都是借小說來跟考試掛鈎，希望學生多懂一些文言字。但我們的課程設計取向著重創作。小說創作是很多種藝術的基礎，像電影、戲劇，都需要說故事的技能。初轉制的一兩年我們提供過幾個選擇的，有劇本、小說、文學與電影比讀、散文及評論、歌詞賞析及創作等，不過一兩年後我們發覺老師人手好難分配，要準備好多份教材。既然我們認為說故事是最基礎的能力，近年就改成全部中五生都讀小說創作。但有時也會因應學生的性情提供其他選擇，有一年學生入學時按興趣和選修科分班，其中一班是音樂班，就讀歌詞創作。」

梁璇筠認為薈藝教育的好處，是讓學生多一個渠道進入文學的世界。「蕭紅那次就是很好的經驗：如果學生對文字沒什麼感覺，任你講幾多堂課，也不會領略到，但出去看電影，影像可以幫助理解。我之前跟學生討論蕭紅的作品，有男生會覺得她是蕩婦，說她『總是大著肚跟第二個男人走』。但從電影中，他看到她其實好無奈，走投無路，他突然明白多一些。」

除了藝術，亦有其他方法能激發學生的學習動機。梁璇筠的經驗主要是轉換課堂環境，引入活動和體驗式的學習，讓學生有更多不同機會去應用知識。有次中文科跟通識科合辦辯論比賽，令一個中四女生很大改變。「她原本從傳統名校轉過來，整個上學期都好頹廢，每一堂課都睡覺。」梁璇筠說：「但下學期我們搞辯論比賽，她忽然好積極，找了好多資料，於是我陪她練習。那次的題目講聘用殘疾人士可以豁免最低工資是否公平，結果她拿到『最佳辯論員』，從此中文堂就沒再睡過覺。我覺得實在太神奇了！我想這跟我的教學不太有關係，換了第二個老師去跟她也會做到。主要是課程的力量，因為用了比賽的模式，她突然間就能夠投入。」

基礎更關鍵

藝術元素或活動教學或能帶起學生一時興趣，但要持續閱讀、享受文學，更關鍵還是打好語文根底。「我們的同學較少有語文天份，更多是擅長肢體表達、視覺藝術、圖像思考。」現任中文科統籌的老師古可兒說：「他們解讀語言文字的能力大部份都比較弱。看文章時，為何作者會這樣寫？想表達怎樣的情感、狀態？未必能夠聯想，就會覺得乏味，看不下去。」

古可兒會在課堂上與學生一起精讀文章，逐段逐句地分析，文章的結構為何是這樣？提出了哪些觀點？句子之間如何相互呼應？論證如何建立？「讓他們知道文章是可以這樣理解的，希望他們感受到閱讀能力好的人，原來可以透過文字讀出這麼多訊息，日後看文章時也會找到多一點樂趣。要語文好，始終靠閱讀，單靠上課，教幾多都沒用。」

有時特定的詞彙和概念需要解釋，譬如有一堂他們討論到「世故」和「圓滑」的意思，同學一下子未能具體說明含意。「學生的形容詞得好少，永遠都是『有趣』啦，什麼都叫『東西』，『他不會做那個東西』，明明應該是『那件事情』。然後當他們聊天時，總是用『好chok』呀、『好J』呀就形容了世間的萬事萬物。我說你們性變態的嗎？咩都『J』！缺少詞彙，也就缺少了相應的情感狀態，變得粗枝大葉，什麼都感受不到，連帶創作和思考能力也會較低。」

古可兒就嘗試把教詞彙和精讀文章變得像遊戲。譬如教人物描寫時，她讓學生分組在校園裡找一個人，可以是老師、校工、教職員等，在不讓對方察覺的情況下觀察他們十五分鐘，然後寫一篇文描述他的行為舉止、衣著、神態等，但不能提名字，讓其他組的同學猜文章裡寫的是誰。「通常同學都會估到，所以他們是有描寫的能力，有些詞彙曾經學過，不常用就不記得了。事前也會給他們看一些短篇，像黃仁逵的《放風》，三、四百字寫一個人，讓他們記起很久沒用的詞語。」除了寫，也要訓練講話。「不少同學説話不清楚，反映思路不清晰、用詞不準確。」古可兒要學生講故事，首先每人在 WhatsApp group 交出故事的第一句，上課時就把所有第一句列出來，大家選擇最想聽哪個故事，被選中的同學就要出來講，再選下一個。

學生最怕的文言文，則從取材著手。「不一定要選那些好嚴肅的作品，其實以前的文人都很無聊，除了家國大事，明清時期的散文家也很喜歡寫日常生活，譬如睇靚女，首先看她們的眼神是否流麗、眼白和眼珠是否分明，然後看皮膚，聽聲線，觀察她們走路時裙擺擦動的幅度，猜她有沒有紮腳。有時又講飲飲食食的事情，就像寫 blog 一樣。我們之前設計過一些功課是要幫古人寫 Blog。」

魏晉時期的《世説新語》亦較易讀。「那時社會動盪，一些隱士言行狂放，譬如脫光衣服周街行，也會寫黑暗時代如何立身處世，很適合同學這個有點憤世嫉俗的年紀。」古可兒給學生網上文庫的網址，要他們選一篇短篇的文言故事寫閱後感：「他想找一篇喜歡的，就騙到他看了十幾篇。」有時也會在手機群組裡跟他們玩接龍詩、續寫故事等。本來創意書院學生欠交功課的情況很普遍，這些小習作看似沒什麼負擔，不少學生也說她給的功課有趣，不知不覺間就做完了。

四　創意教數學？

薈藝教育實踐在數學科卻非常困難。儘管創校團隊在開學前花了不少資源探索數學科的創意教學法，又邀請了港大數學系講師丁南橋及多位藝術家合作，在不同中學裡實驗相關教案。但當真正要在創意書院的課室內實行時，卻難以入手。

參看開校時編寫的薈藝教案「達文西的數學教室」，當中的內容包括分析藝術作品中不同類型的透視法、以理解視角和比例；利用等差數列設計 pop up 紙藝作品；繪畫電腦動畫，透過編寫電腦指令，應用座標幾何、代數和不等式的運算等。然而創意書院開校初年招收到的學生數學能力較低，最弱的一批連份數運算也不懂，大部份弄不清基礎的代數概念，很難理解薈藝教學活動所涉及的數學公式。

課堂秩序也是問題。創校第一年任教數學科的老師李以進記得，第一日上課，班上就有兩個學生吵架，同學分成兩派起哄，之後的課堂也十分嘈吵。「我班裡肯聽書，又跟到正常中四課程的同學，大概只有兩、三個。」李說：「另外可能有四、五個是緊張考試，但根底差太遠了，發覺沒辦法學得懂，就聽不下去。餘下那些是既學不到也沒意欲學的，不過我跟他們的關係不錯，就當是給我一點面子，願意好好地坐著，但其實沒在聽。」

那年李以進剛從經濟及金融系畢業，因為修讀大學裡馮美華有份任教的通識課程而認識創意書院。當時學生紀律問題嚴重，課堂秩序極混亂，有數學老師疑因無法應付而在十一月離職，馮美華問李以進是否願意來教，因為她知道李以進既喜歡藝術、也懂數學，期望他能嘗試推動薈藝教學。

李以進直言，當時同學建基於以往的挫敗經驗，內心通往數學科的大門已牢牢地封死了：「我原本想像過是否生活化一些、有趣些，會比較肯學呢？結果都沒用，因為他始終知道這是數學堂。就算你用別的元素去包裝，他都知道你想教他數學，反而覺得你裝模作樣：『不用這樣兜一大個圈來教我啊。』」

老師們對於薈藝教育教數學，也不太理解。「達文西的數學教室」只提供了若干教案範例，並非完整有系統的課程，怎樣將藝術元素融入主流高中數學課程裡，有賴老師進一步研究。當時有老師會將薈藝教育理解成只是用藝術作包裝。試過有老師拍了一段搞笑短片，以雞肶來比喻黃金比例，短片本身儘管是創作，但內容並不太能展示數學比例與藝術的關係，也無法喚起同學的興趣。有次活動透過剪紙來談數學，但學生只當是做手作。「他們確實能剪到好漂亮的花式，但對於背後的數學原理仍是沒興趣的。結果花了很多時間，還是沒能令到他們在數學能力上有提升。」李以進說。

資源的缺乏

後來數學科改按入學試成績分班上課，將每班的程度細緻分為高中數學、初中數學、基礎數學等，因部份學生來自英文中學，也有分英文和中文班。學期中段若同學的能力有提升、或感到追不上進度，可以申請調往程度較高或較低的組別，有時老師亦會將上課嘈吵或學習動機極低的學生抽起，組成人數較少的特別班，照應不同學生的需要。

然而，薈藝教育往後只在數學能力較弱的組別試行，直接增加了實行上的難度；成績較好的組別則以傳統方法教授正規的高中課程，以應試為目標。主要因為成績較好的同學通常也比較著緊學業，希望盡量取得足夠分數以助升學，他們寧願老師多講解習題而不是試行活動教學。

鄭家榆是馮美華聘請來負責薈藝教育的第二位教職員。他在創校第五年入職，讀大學時主修數學，亦有選修藝術系的課程，就在藝術系的朋友推介下認識了馮美華，剛畢業便加入創意書院。最初馮美華找他研究課程，希望有一套能夠對應公開試範圍的數學薈藝教材。「其實我也不太知道應如何入手。」鄭家榆說：「開頭請我兼職，後來又變全職，找我教一班數學，因為我沒有教學經驗嘛。但要教那班入學試是考零至八分的，我就更加難處理，根本是要硬食他們中三以前所有數學堂的挫敗經驗。而且他們不只討厭數學，連藝術也不太喜歡，純粹是在舊校讀得不開心所以轉來。」試了半年覺得無能為力，鄭家榆沒再教數學，轉任校內其他崗位。

不想贏的學生

現任數學科統籌的老師布正峯則在創校第八年入職，之前已在 Band 3 的傳統中學教過三年，比較習慣課堂上無人聽書的局面。「學生擺明覺得無需要學識計這些數，除了應付考試，其實用不著的。他們只需要學邏輯，而邏輯不一定要透過高中程度的數學來學。初中數學反而比較鍛練邏輯，但初中已經跟不上，高中時你再迫，也只是死背公式。就算肯背，考完就忘記了，學生沒有真的學懂，這樣很沒意思。我一直都好想可以真誠一點去面對這學習問題，在傳統學校沒空間，來到書院自由度大很多。」

布正峯加入書院一年後，就跟另一位數學老師梁卓勳研究另類的教學方法，對象是入學試分數最低的學生。最初嘗試以遊戲的方式，透過玩排七（接龍）學習邏輯思考。「我們籌備課程的時候，幾個數學老師試玩，想找出怎樣的遊戲邏輯會有較大機會贏，設了一些特別的牌局去演練和驗證。」布正峯說：「我們發現決勝負的關鍵是，假使出牌策略無錯的話，誰擁有最多連續的牌就會贏，而在這個鬥快將牌出完的遊戲裡，先出牌那人反而相對地容易輸。因為愈多連續的牌愈會贏，你早出一隻時，後備的彈藥就比人少。過程中的討論是相當深入的，我們覺得好好玩，也好鍛練到邏輯思維。」

「但讓學生玩就完全不是這回事。首先他們不喜歡學玩新遊戲，有些人拿到撲克牌就只顧自己『鋤大 Dee』。好吧，我盡量抱著開放的心態，玩鋤 Dee 都可以有邏輯的，就看看他們怎樣玩。我見到有學生手上只剩兩隻牌，一隻紅心十，一隻葵扇二，正常人都出葵扇二吧，即刻贏了嘛。但他們會先出紅心十，然後剩下最大的一隻葵扇二，就認為自己必贏了。那好明顯就沒用到邏輯啦。」

布正峯和梁卓勳曾經去其他應用活動教學的學校觀課，主要都是一些國際學校和傳統名校，近年學界提倡課堂以小組討論為主導，減少老師單向講授，布正峯覺得對主動的學生來説是很好的，但對學習動機低的學生卻無效。「我們去過一間名校觀課，那堂課一個半小時，教材只有一張海報，講兩隻剛出生的兔仔，三個月後可以交配，懷孕期五個月，兔仔一生的壽命是五年，一年最多生兩胎，類似這樣有很多項的條件——這對兔仔五年後可否生到三千隻兔仔出來？那些學生就好有興趣地討論。畫 timeline 啦、畫好多圖表去準備 presentation，互相修改和提醒：『你好像無考慮這項條件啊？』也應用到數學的概念，學得好好。」

「來到我們的課堂上就不行。玩排七也要他們最後做 presentation 的，提出有什麼方法可以令贏面大些，其實只是要應用一點 probability 的概念。但他們無討論，討論時玩鋤 Dee，有些戴著耳機不知在做什麼，好一點的同學也肯試試去玩，可是沒興趣思考策略，覺得按著規矩出到牌就是了。玩遊戲本來有趣在可以鬥智鬥力，他們卻並不熱衷於找方法贏。最後班裡只有三分一人 present，其他人完全不肯講，也沒思考過。」

有能力才有動機

布正峯認為玩遊戲或者用有趣的表現手法，就可以啟發學習動機，可能是一種誤解，最大的困難是學生非常缺乏好奇心，好像無論做什麼都無法撩起興致。「我發覺學術表現好的學生，往往也是比較有好奇心的人，不止是數學科，我們學校常請不同的嘉賓來講座分享，也是學術好的那班人聽得津津有味。我有時在WhatsApp group分享一些IQ題，A組（數學成績最佳）的同學整晚都在討論，鬥推理、鬥找對的解釋，就很學到邏輯思考。遊戲組的同學靜悄悄的。有人猜了一次答案，我說不對啊，你說說為什麼會揀這個？他就說『唔知呀你開估啦』，然後就無人答話了。他們沒辦法享受思考的過程。如果那問題好易答，他會覺得你無聊。如果要思考的，就覺得好煩不願意想。」

試了第一個學期（約兩個月）後，布正峯和梁卓勳發覺遊戲無法激發學生思考，開始轉回較多講課的模式，但講學內容盡量貼近生活，回應學生覺得數學在現實社會裡用不著。譬如使用政府統計處和工會的數據，分析各種食物價格的加幅，為何肉類加價比魚類快？又讓他們計算各個行業的薪酬增長，究竟是食物加價快、還是人工升得快呢？透過數據認識社會，以及練習基本的數據運算。有時又分析書院的數據，像男女比例、遲到曠課次數和趨勢變化等，究竟遲到和住得遠有沒有關係？計一計發覺原來是無關的。「多給他們計計數，好像反而比較肯動手。」於是第二、三個學期都繼續教。

第四個學期再嘗試加入手工習作，譬如製作動物造型的 pop up 剪紙，說明自然界的曲線與數學的關係，過程中應用到高中數學的 sequence 算式。布正峯觀察肯動手計、動手做的同學，最後也掌握到相關的數學概念，但有些同學純粹當做手工，不肯計數。每個學期末老師們都做問卷調查，了解同學對各種學習活動的反應。「試了好幾種方法，每種都只得一半人喜歡，總有一半人不太接受、無動於衷，或者不知道自己在做什麼。」他無奈苦笑。

五　快樂學習的迷思

傳統的方法是否一定沒有效？

創意書院多年來，最受學生歡迎的數學老師是現任副校長陳婉芬（Donna），她加入創意書院前已在傳統學校教了二十年書。書院早期傾向請一些年輕、不是傳統教育體系出身、最好具有藝術背景的人，覺得比較可能實踐到創意教育。李以進、鄭家榆和布正峯某程度上都認為，學生確實不喜歡數學的話，其實沒必要為了考試而學。學生可以喜歡畫畫、喜歡戲劇，只是用心去做就好，不一定要懂計算 sin cos tan 才能在社會上生存。

反觀陳婉芬則不太去處理「人為什麼必須懂數學」的問題。她相信學生應該盡力而為、做好自己的本份。「我好老土的，常跟學生說，做人最緊要問心無愧。只要有盡過力，最後不合格也不要緊，就疊埋心水走另一條路吧。但有些學生根本無付出，拿到成績單，全部不合格，然後還跟人家說『我未發力啫』、『我無溫書啫』，拜託你行埋一邊啦，這根本是自己騙自己罷了。」

陳婉芬相信學生不願出力、沒有參與動機，往往因為害怕失敗。她也教過小學，通常小學四年級教分數時，學生便開始難以理解。如果這階段得不到適當幫助，之後要追上就很難。「於是小學三年、初中三年，六年都不知道課堂上發生什麼事，他們已經不相信自己得。有個學生上第二堂就跟我說，『你放棄我啦Donna，由得我坐著就行。』」

陳婉芬當然不會放棄：「你要令學生明白自己是有能力的。我常常給他們做quiz，題目超簡單，只考返上一堂我教過最基本的東西，彎也不轉。上一堂教用計算機找 mean、mode、median，quiz 的題目就是找 mean、mode、median，總之昨天你有聽書，你的手指肯去按計算機就答到。於是他們收到 quiz 的題目就很開心。我記得有個玩音樂的男生，quiz 拿到八分，滿分好像是四十分的，他已經好雀躍：

『哇！我很久沒試過數學卷有分！』為什麼他以前拿不到分呢？其實有些學生根本一隻字也不填，因為他要保住那份自我感覺良好：『哼，我不做而已，所以才零分。』如果他好努力去做結果都零分，好慘的嘛，寧願交白卷。但當你令他明白，其實他有能力得分時，他也會付出的。」

陳婉芬亦坦承，部份學生由於程度落後太多，在公開試合格的機會頗為渺茫。但學生開始願意發問、願意溫習，她覺得這樣的轉變已很可貴。「你要我令到數學好有趣味呢，我真的未必做到，因為有時計數真是困難的。但我有能力令個課堂氣氛開心一點。」她說：「好多同學都提及過往不愉快的學習經驗，就是一問數就會被人鬧：『你剛才沒聽書嗎？講了這麼多次都不懂！』他們就不敢發問，我就常常叫他們不明白要出聲，打斷我也可以。因為我一直講下去你就更加不明白。其實他們多數都是真心想學才會問的，難道明明不想聽還舉手問？不會自招滅亡的嘛。只是有些人對數字真的比較不敏感。譬如 $27=X-3$，下一個步驟寫 $X=27+3$，他們可能已經不明白：『為什麼X由這邊去了那邊？』」

陳婉芬在課堂上很留意每個學生的反應，即使學生沒問，觀察到他們表情疑惑，就會再把步驟拆分得更仔細去解釋，或者主動問他們有什麼不懂的地方。

最受歡迎的嚴師

創意書院的學生偏向喜歡上CPOP課程，其他人文學科一般般，最抗拒英文和數學課。舊生Justin在二零零九年入學，正值書院在紀律方面較寬鬆的年代，他記得最嚴重時十幾人一班的課，可以只得三個同學出現。「但我們那時無人會走Donna（陳婉芬）堂的，無人夠膽走，而且我真心覺得她教得好。」本來Justin初中時讀英文中學，但來到書院後因為時間表編配問題，他和一些讀英中的同學也被編到中文班。「突然間變成『開方』呀、『二平根』呀，都不知道在講什麼。那個老師又教得差，我們八個同學就去找Donna傾，想她來教。Donna好好，我們上數學堂的時間，剛好她四日都有空堂，就用來教我們，餘下那天我們自己做工作紙。」

「結果我們給 Donna 教完之後，都變得很喜歡數學。」Justin 說，陳婉芬在教學上沒搞什麼花樣，其實有點像上補習班。「但我覺得這樣好，令你弄懂每一題數。她又不是逼迫你，而是有種威嚴令你會自動自覺去做。她額外抽自己的時間來教我們，我們自然也有種不能辜負她的心態。她給的工作紙是愈來愈難的，我們就好團結、好有目標地約好午飯時間和放學一齊做。又是小班教學呢，如果一班廿幾三十個人，你又無目標，好容易會『hea』了，覺得坐前排的同學一定會答問題，問到我就說不懂囉。但我們人少，個個都要輪流出黑板做數，無得逃避。你不明白，她又真的解得你明，當你覺得自己懂得愈來愈多，就有動力繼續學下去。」

練出來的快樂

舊生 Miki 也有類似的體會：「數學好得意，你先要花上一段好悶的時間，才可以享受到當中的樂趣。」她自小很討厭數學，在創意書院也沒改變，而且因為投入參與學校活動，相對地更忽視學科學習，結果高考成績平平，沒能升上本地大學。畢業兩年後她到了美國生活，由社區學院（community college）讀起，希望進大學讀城市研究。在她居所附近只有加州大學柏克萊分校的課程比較切合，但該學系對數學成績的要求很高，要在社區學院完成部份包括微積分的課程才可報讀，Miki 唯有硬著頭皮重新學數。

社區學院裡有不同程度的數學班，她從較淺的開始讀：「我覺得這點很重要，可以回到一個適合自己的 level 去學，原來學得好好多。以前無法明白課堂上發生什麼事，因為本身的基礎不好。那時一起讀數學的朋友分享過一篇文章：若果你讀到數學，所有事情都能做到，因為學習數學要付出時間去理解和做練習，證明你在其他方面都可以透過努力去學懂。讀數學也是最明顯的，學完一樣就可以學下一樣，之前學過的可以在後面用返，就像學完 abc 可以學生字，學了生字就可以造句，我從來沒想過自己是讀到數的人，但最後連微積分也學懂了，好意外。」

她指出另一個關鍵是選有要求的老師：「美國有 Rate My Professors 的系統，選科前看看之前讀過的同學如何評價不同的老師。我特地選了一個要求好高的阿 sir，因為我的目標是學到微積分，成績好就可以優先登記下一期的課程，繼續跟同一個老師。」

在過程中她也發現，學習的意義有時要學過才知道：「小時候不喜歡數學，經常會問：學這麼深的數學有什麼用呢？現在會覺得這樣問是好功利的。有些學習成果，必需要學完才會發現。譬如現在我發覺自己的邏輯好像比較好，這在寫文章時特別明顯，但以前你不會無端端想：我為了寫好文章而去做數學練習。而且學習也不一定要有用，可以只為了學習本身的樂趣而學，到後期我覺得數學有點像遊戲。有時題目太難，會先看 solution，再想怎樣可以一步步做到那個 solution 出來，其實好玩的。這種好玩是你要先花時間去掌握基礎、明白那套語言，才體會得到。」

薈藝教育強調要引發學生對學科的興趣然後才能學習，會否是一個迷思？原本不喜歡數學的學生，要有些動機觸發，對 Justin 來說是與朋友一起團結做數學題、不想辜負老師的心血；對 Miki 則是因為要報考大學。有時喜歡數學反而更像是一種結果，過程中累積知識和成功感，才慢慢喜歡。

老師布正峯或鄭家榆都由衷地熱愛數學，他們的熱愛，也是經過學習才產生。「是一種能夠好自如地運用某些工具的快樂，就像工匠的快樂一樣。」布正峯說：「譬如 conjunctive formula，我明白是怎樣證明的，深奧的東西，可以用最簡單的概念解釋，對我來說，就是一種創作。」在他心目中，不是要將藝術與數學融合，而是「數學即藝術」。「雖然你說這些公式，前人已經證明過，但好比砌積木，積木不是你製造的，但砌到機械人出來你會好開心，覺得是自己的作品，那種快樂是好純粹的，不會問『點解我要砌積木？』又譬如同學們喜歡打機，打到每個角色的招數和走位都好熟，能夠隨心所欲地控制得好好，自然會有成功感。」

布正峯記得外國做過調查，只有兩成人有能力欣賞數學的美，餘下八成，大概都會認為做數學題是苦差事。他近年觀察，一個學生喜歡或不喜歡數學，可能源於學習和理解方法上的不同。「數學有三大範疇，代數、幾何、統計。一條條公式，基本上全都在我腦海裡。由代數加代數、代數乘代數開始，然後由多項式的加法到多項式的乘法，多項式由一次方變成二次方、二次方有什麼相關的算式走出來……整張網都在我腦裡面，好實淨，不會遺漏任何一樣，全都是連繫貫通的。所以頭一兩年教書我常常出現一個問題：為什麼他們會不懂呢？第四、五年教書我就常常想：為什麼我會懂呢？然後我就發現他們都不是在織一張網。兩個明顯有關的課題，他們可以完全割裂開的，散落四方，怎可能記得？」於是今個學年他又作新嘗試，拍短片教數學，讓學生自己上網看。既方便他們溫習和理解，也希望能將整個數學發展史上、不同課題之間的關連和架構更好地展現出來，「我想幫他們織返好這張網，不過這需要點時間。」

六 薈藝教育跨越學科

以「薈藝教育」跨學科整合，是創校時的目標，也是書院早年對外宣傳的特色。參考外國經驗，消弭學科之間的藩籬是大勢所趨，很多討論教育的文章也主張透過跨學科課程和學習活動，才能培養學生的創意、主動學習和應用知識的共通能力。

薈藝教育難以推行，書院的管理層傾向認為是師資和資源的問題。「其實是需要做好多研究的，是好龐大的工程。」馮美華說：「外國連 Music in Educaiton 也有，透過欣賞音樂可以改善學生的數學能力，但人家放了好多資源 research and development，創意書院沒有這樣的資源。我試過兩次了，請過李以進和鄭家榆，他們數學好、又懂得藝術，我以為這樣好簡單，真是頭腦簡單！我叫他們試試，有機會就盡量滲一些藝術元素去講數學啦，但不行。因為不是這樣簡單的，不是說我同時懂數學和藝術，兩樣加起來就做到。我去香港大學去聽丁南橋講藝術裡的數學，哇，講得非常精彩！但他的講法和語言都好高層次，大學生會聽得明。你要變成中學生也聽得明白，很不容易，也不是一般數學老師可以做到。」

師資難配合

要能將校內課程整合，也需要不同學科的老師共同協作，卻似乎每一年都騰不出時間。學校裡的時間總是過得很快，一年幾次 project week，兩次考試，又有好多活動。九月開學、六月上完課，然後老師要放暑假。放完假回來，只剩半個月可以一起開會。半個月內要協商全校層面的政策和資源分配、各學科內部也要談好課程編排，同時籌辦學生迎新活動（通常長達一周，猶如大學迎新），每年也只是剛好趕得及。

「除非突然間好有錢，抽開十個學科老師不用教書、專門跟CPOP。我們以前試過的，學科老師跟自己班的學生去上CPOP堂，效果很不錯，老師自己都學到很多。」這主要是創校早年，尤其第一年只有中四一屆學生，他們上CPOP課時，學科老師都是空堂。師生一同上課，既能更了解CPOP課程，也可提升自身對文化藝術的認識，這也是將學科課程與藝術創作整合的基礎。但隨著學生人數漸多，時間表編排變得複雜，學科老師未必能在CPOP課的時候有空堂，慢慢便沒有了這個習慣。

創意書院一直很難找到既懂藝術、又懂教授學科知識的老師。有人提出請藝術家來教語文，因為能夠考入本地大學的藝術系，語文能力不會太差，教中學程度的中英文應該能夠應付。但馮美華認為不太可行：「請不到那麼多artist，有都不會願意來做。又要早起身、又要改卷，又勞氣，我們有些學生真的好難教嘛。」教學科必須全職工作，兼顧行政和班主任職務，藝術家大多不習慣如此困身的教學生活，而要普通老師透過藝術來教學則很困難。「最簡單，我們學校裡有畫廊，不時有展覽的。你要教英文，可以帶學生去看畫呀。用英文去介紹畫作，跟他們討論，就這樣而已。但他們都沒這個信心。」

學生更保守

前線老師則傾向覺得，學生的程度和接受能力才是推行薈藝教育的最大障礙。中文老師梁璇筠雖然很有興趣試行新的教學方法，本人也從事文學創作，有能力在課堂中應用藝術元素，但發覺反而是學生不願接受新形式：「簡單如叫他們圍圈坐，最初都有點難。他們一方面會覺得傳統教學方式好悶，但你跟他試新形式時，他又會好懷疑：『這樣行嗎？』覺得你不是在教中文。」

有一年梁璇筠花了整個暑假編寫中四的新課程，首兩個月從漢字起源和結構（即象形、指事等「六書」）教起，討論文字與書法的關係；再從文字轉向語言，探討廣東話的特性，應否以口語入文進行創作？粵語與外來文化的詞彙怎樣在生活中互相影響？教學過程中應用不少藝術與活動元素。「整個課程我們覺得好有層次和包羅萬有的。但同學就說：為什麼講來講去都是文字？他們分辨不到，當中是涉及很多不同層面的課題，而且他們覺得這樣無法對應公開考試。其實出面的學校都會教漢字結構的，文憑試也可能會有文章涉及語言的運用、一些實用文化層面的知識。但他們就覺得應該要做閱讀理解才是學中文。部份學生很強烈地要求轉回 exam-oriented 的課堂，一班可能有四、五個這樣的同學，一些同學的心態比較功利，覺得考試不會考，不聽書也不要緊。」下學期梁璇筠便減少了藝術元素，增加應試為本的課堂。

英文科統籌老師黃庭芝亦表示，學生曾如此對她說：「好地地教英文就教 grammar 和操卷啦，何必搞那麼多花樣？」她有點無奈：「我也不明白，學生由傳統學校來到這裡，為何不想做一些不同的，反而要求跟返那個傳統？」數學、通識科的老師都有提及類似困境，同學質疑非傳統的教學方法無法幫他們應付考試，對討論和活動教學缺乏參與動機。甚至帶他們外出考察也未必喜歡，「天氣這麼熱！」、「又出去啊？」是經常聽到的抱怨。有時實行 project based learning，又總會有人埋怨同組同學懶惰不肯付出、意見不合等，能力相若的同學都會比較熟絡，能力較弱的組別會擔心：「我們個個都咁差，能做到什麼出來呢？」

黃庭芝認為，要將藝術素材編排進英文課程裡不難：「譬如我用《Vincent》那首歌，教他們歌詞裡的生字、又可以講梵高的畫，這是 art in education 吧？類似的形式，每堂做也沒問題。」但她不覺得這樣做能令學生喜歡英文，或對英語能力有很大改善，她認為問題是學生基礎太差，只教生字作用不大，也很快忘記，必須從基礎的拼音和文法規則教起，讓學生明白英語的邏輯。「那是否要 art in phonetics？art in grammar？我實在想像不到可以怎樣做。」她說。

試過有學生很喜歡電影，拿著一大疊有關奇斯洛夫斯基的文章來問黃庭芝。「裡面的字深到癲，我自己有些都要查字典才懂。試問一個英文只有中二程度的人，可以從何入手？我覺得電影的確令他願意看英文，但這卻沒辦法編進課程裡。」她解釋：「因為你全班二十個人，每個人的興趣都不同。有人喜歡視覺藝術，有人喜歡舞台藝術，有人喜歡音樂。最大路你用歌來教，幾好聽的歌都會有人不喜歡，藝術就是這樣主觀。如何用一個統一的課程去對應不同人的興趣？你只可以一對一地做。你知道他喜歡音樂，就介紹他看一些講音樂的文章，但這是課餘做的事。」

熟習再融會

即使是懂得藝術創作的 CPOP 老師，亦不見得熱衷於設計跨學科課程。現時 CPOP 和 DSE 學科的合作，主要是性質相似的學科之間協調，減少課程上重疊的部份。例如「設計與應用科技」及 CPOP 的「環境與空間研習」都需要繪畫建築物的立體圖，那其中一科已經教了，另一科便可省略。其次是功課上的協調，譬如同學在 CPOP 做的創作，可以將作品修改及添補資料，以應付視覺藝術科的校本評核作業，減省學生功課負擔。

至於從課程著手進行跨學科教學，CPOP 的老師也覺得沒有必要。「環境與空間研習」的科統籌劉雨鈤說：「一個學生每天上幾個學科的堂，放學再去學結他，他本身就是個跨學科的人。如果他沒法將這些不同來源的知識打通，縱使跨科去教，也不代表他能打通。融會貫通需要的是時間和經歷。你看武俠小說都是這樣，楊過學了些內功心法，又學了些『玉女劍法』，然後又跟別人學『蛤蟆功』，到最後他才創出自己的一套招式。為什麼一定要他們在中學階段就打得通？」

「如果強行要做的話，最適合就是中六吧，為大學的學習作預備。」劉雨鈤說。今個學年開始書院鼓勵學生在中六那年做畢業作品，題目和形式自訂，可以是個人或團體合作。期望透過創作，製造機會讓同學應用各科的知識，也讓主修不同CPOP科目的同學有機會一起嘗試跨媒介創作。由於不想在應考公開試的同時增加學生負擔，畢業創作是自願參與的。同學若不想做新作品，可以選擇將過往的作品整理成作品集，方便大學面試或找工作之用，也作為過去兩年的學習總結。「當他們已有中四中五兩年的基礎，再去跨越也許會容易一點。你想想，就像煮食一樣，如果我連切菜的基本功都不懂，炒和炆的分別又不懂，撻著爐火也不懂，就算面前有好好的食材，我也肯定煮不出什麼來的。這些就是要獨立去學的知識基礎。當這些基礎都具備了，我見到薯仔和雞翼，就知道可以煮咖哩薯仔雞翼。再熟習一點，甚至可以自己發明新菜式。」

專精更有效？

老師們亦認為不能忽視學科各自的獨特性和價值。主管 CPOP 課程的副校長劉天明，熱愛舞蹈和劇場表演，自創校起曾任教 CPOP 表演藝術科、中文、歷史和通識。儘管他本身就是個很「跨學科」的人，但他也沒有特別倡導跨科教學。

劉天明認為教學最重要，是提供真實而深刻的課堂經驗。他任教通識課的班裡，有不少學生都記得一次關於人類大腦的課堂。那是通識課程中關於公共衛生的議題。劉天明所做的也沒什麼特別，就是播放了 TED talk 的短片然後與同學討論。該短片是一位精神心理學家講述他對人腦的研究，「講到中途，他直接拿一個剛剛死去的人的腦袋出來。大家就驚叫啦、又說睇到想嘔啦，但那就是好真實地告訴你，人的身體是要這樣去理解的。那教授研究人腦和相關疾病，然後他講述自己早前中風的經過，他發現自己中風之後的反應是：『實在太美妙了！還有誰能如此榮幸，可以這樣從內而外地研究大腦？』於是成班同學就笑得好開心。」

「那個 talk 本身好 motivating，同學不只理解到大腦的結構，也見到好的演講是怎樣做的。而且他們感覺到，一個人好投入醉心去做研究時的熱情。」同學對這一課的印象深刻，是被這教授的演說打動。劉天明想藉此說明的是：「每個學科都有各自的教學方法。即使是講大腦研究這種專門知識，如果能夠講得好專精、好深入，就會令學生感受到這個世界好純粹而真實的一面。而學生對這樣的課堂是不會抗拒的。」

另一位 CPOP 老師胡淡名亦憂慮實行跨科融合時，一加一可能反會得出少於二的成果：「無合作時，雙方都可以去到某個高度，因為我們都可以講自己最專業最擅長的東西。當要合作，很可能要降低自己的水準去令對方明白這件事，結果學生學到的程度反而低了。」

胡淡名是「設計及視覺傳意」科的統籌，他教設計時也觸類旁通，譬如一句短而精的廣告標語，背後就是語文運用的能力；好的設計通常都體現了巧妙的比例，這又與數學相關；教顏色的運用時，他會分析不同政黨的用色及其象徵意義，這就跟通識科有連繫。但他寧可透過自己的知識和經驗去講，而不想刻意安排合作。「尤其是如果跟對方不太熟，大家就會好客氣地互相遷就，講得太深又怕別人聽不懂。你要找最大公因數時，通常件事都會變得好老土。夾到最尾只剩下『大家都是人』的話，那有什麼好教？我好認同每件事都可以從不同的角度去看，但你要先有個立足點才可以看到的嘛。我用設計的角度去看，跟你用視覺藝術的角度看、用中文的角度看，都很不同。當然會有共同的地方，這些我們都知道、都會講，但那些不同之處也是好重要的，而這也是每個學科最需要帶給學生的。」

七 影子研究：學生學了什麼？

馮美華提出了一種融合藝術與學科知識的教學想像，而具體的內容，她期望由老師去研究和實踐；但不少老師反指管理層提倡的薈藝教育欠缺明確定義、理論依據和方法。薈藝教育的初衷是清楚的：希望重燃學生的學習興趣，以及培養他們將學科知識融會貫通的能力。這種良好願望沒有人會反對，只是大家對於「藝術」是否適當或唯一的方法抱持不同意見。

馮美華曾經在一本討論教育的著作《思人對話．教育篇》裡撰文，解釋她對薈藝教育的定義和反思。她強調要運用「藝術元素」，因為希望學生懂得「學習和創作之間的互維作用和重要意義」。中學生由於人生經驗疏淺，創作出來的作品容易流於空泛虛浮，因此強調「創作需要知識來豐富和刺激，知識需要創作來引動持續深化」，她認為要創作得好，學生需要吸收更多基礎知識和人文通識教育的養份，這點與前線老師的主張其實是一致的。

那麼，如果各科獨立運作，學生每天上一些藝術課、又上一些學科課堂，是否就可以達到知識與創作並重呢？

對某些同學來說是可以的，但在創意書院，一些學生會偏重 CPOP 創作，對學科課堂抱著半放棄態度。老師扭盡六壬嘗試新教學模式，學生雖然會說「不如正正經經操 grammar」；但當老師真的一板一眼地教文法、教生字時，真正會留心聽的學生很少。陳婉芬用傳統模式教數學好像很受歡迎，但也有不少老師很傳統地上課，而結果是半班學生都睡著了。

分科的局限

馮美華三年前退休後，書院已經很少提及薈藝教育，但學校發展計劃裡仍將

「跨課程發展」列為其中一個工作重點，期望CPOP與傳統學科之間能有更多的協調互補，讓學生的學習更連貫。老師曾宇霆去年曾研究校內的跨學科課程整合。他覺得之所以要考慮跨科教學，並非從理論上否定傳統分科學習的價值；而是創意書院的學生、以至社會上有很多學生都不是能夠如此學習的人，有實際需要去探求新的方法。

「在人類龐大的知識體系裡，過往是劃分了不同學科，有語文、數學、歷史、科學等等。」曾宇霆說：「每科都有各自一套的學習系統，由專業人士告訴我們，跟隨這套系統，我們就會掌握到那學科的知識。當然那系統也會不斷更新的。譬如語文，以前是『卜卜齋』相信『聲入心通』，透過背誦去訓練語感，領會文章當中的倫理價值。現在我們的中文課程變成能力培養，『聽講讀寫』，定下小學要識幾多個字的標準。這些都是學科裡的專業人士經過研究之後，認為人人都可以這樣學習，於是編寫一套課程，乖乖跟著走，就可以學到某個範疇的知識。」

曾宇霆直言這種模式在創意書院是行不通的。傳統學校有一整套制度去幫忙推動這種學習模式的運作：「要過到A才學B，然後再學C，可以評估學習程度；又有排行名次，令你有鬥心要叻過別人；然後每堂要帶齊書和筆記，筆記記著上次上堂學了什麼，今堂學什麼；五十分鐘後又可以好快轉去下一科，又看看筆記，跟返上次學到哪裡——這其實是一種特殊的組織力，將生活斬到一個個片斷，能夠好有效率地做一件事，也就是工業社會要我們培訓的工作能力。能夠這樣學習的同學，大多不會轉來，這裡的同學可能都是fit in不到這種結構式、漸進式的學習。」

曾宇霆認為，跨科學習與傳統分科模式有一個重要的分別，跨學科的想法假設了人是會主動學習的：人會因應面前的處境或任務，而運用來自不同學科、甚至自行生產新的知識以解決問題。所以跨科學習通常並非提供既定的學習路徑，而是提供學習範例和資源。「譬如學生想記錄某人一天的生活，就讓他看看別人是怎樣做紀錄的，看各種不同的紀錄方式，愈多愈好，然後他便會產生到自己一套的紀錄方法。我們要做的只是提供學習的範例，同時不要打壓他的好奇心和學習動力，就可以了。」

從學生入手

跨科學習遇到困難，主要在「假設」那一環已經出錯：不是每一個學生都有意願主動學習。除非創意書院用回傳統學校那套嚴密的學習系統，以獎懲和考試競爭作為配套，將整間學校的學習氣氛扭轉過來，否則就要找一個方法令學生願意主動學習。過往薈藝教育嘗試以藝術喚起學生學習動機，實驗證明這只能適用於一部份學生。曾宇霆希望知道如何可以改善普遍同學的學習狀況，上個學年便著手研究如何在校內推行跨科教學。

最初一、兩個月，曾宇霆到不同科目的課堂觀課。他發覺學生每人選修六個應考公開試的傳統學科，再加一科 CPOP，其實是同時在用七種不同的模式去學習，傳統學科與 CPOP 的學習模式之間尤其差異大。「CPOP 的四個學科是好 ready 去跨科的，或者他們本來就不是太用『科』的概念去學習，而是有一個好實淨的媒體；學生透過去做某些 task，過程中就會接觸到某些知識和技能，所以 CPOP 的四科是共通的，中四時一年讀四科都沒問題。傳統學科就不同了，每一科的 approach 都很不同。我想，應該要將各個傳統學科拉近一些，變成更加整全的學習，然後再跟 CPOP 互補，因為一個是在處理知識、另一個是處理知識的應用。」

曾宇霆嘗試跟不同學科的老師商討，但聊過後仍是找不到可以貫通的入口。他又研究各科的課程大綱和教學目標，但寫出來的跟真實課堂裡發生的並不一樣。「這是必然的，我也教過中文科，就算課程上寫了，每個老師教的方式也會很不同，老師需要就著自己的強項或生活經驗、或者學生的情況而調整，而年末再寫總結，又只會好籠統地記下那些共同方向，看完這些文件也不太有幫助。」

後來曾宇霆想到，既然跨科的關鍵在於學生是否能主動處理知識，不如從學生入手：「我們一直以來思考如何整合知識，都是從老師層面去談課程的整合。但我想更重要的可能是學生怎樣看待知識這回事，他自己腦裡面如何整合。」

串連的魅力

曾宇霆選了兩位同班的中五學生，用了一個月一起上課，嘗試精細地觀察他們如何經歷每天的課堂。從第一堂到最後一堂，曾宇霆要求他們把課堂上老師所教的東西一點不漏地記下來，他自己也會做一份筆記，每天放學後三人便一起討論當天教了什麼，這些知識有什麼意義、可以如何應用。「選這兩個同學是有原因的。他們課堂表現差，有時又不上學，但一放學就會好主動參與學校的事，而且會自己看書、會思考，創意書院很多這樣的學生。我覺得是有趣的個案，他們其實有學習動機的，但為何就是對課堂沒有興趣？」

曾宇霆發覺，這兩位同學的問題在於沒有能力去將每一堂課所講的，變成一些跟自己有關的、有意義的知識。「我發現他們只喜歡去聽一些像放煙花一樣的堂，譬如倫理堂、文學堂。」這兩科的老師其實都慣用傳統「chalk and talk」模式、以老師講課為中心的課堂，共通點是所講的東西本身很融會貫通。「就著一個話題，老師會講及很多周邊相關的事情。好像很有解釋力、很有洞見似的，令學生感覺上知道了這個世界更多。我們叫這種學生做『哲學仔』，其實有點好高騖遠，他未必真的明白當中的道理，但又會嫌棄那些一步步穩打穩紮的知識，他想要一下子解釋到這個世界，一下就要給他好重要的 insight。」

於是曾宇霆嘗試令他們明白，其他課堂所教的知識也同樣厲害，只是同學現有的知識不夠，才無法感受到這些知識的魅力。他們每天放學後討論當日所學的內容，然後曾宇霆找出能夠對應他們興趣的重點，告訴他們這些知識與他們所關心的話題如何連繫。譬如這兩位「哲學仔」之前曾跟曾宇霆一起研讀《蘇菲的世界》，當數學堂教到「數列」時，他就把這概念帶到《蘇菲的世界》裡曾提及的「阿基里斯與龜」的故事，討論這個著名的哲學詩論如何用數列去表達出來，當中牽涉的邏輯問題、以及在數學和哲學上「無限」所代表的意思。兩個同學都聽得津津有味。

「哇，但好累呀這件事。」他嘆道：「我為什麼要他們把課堂上講的所有重點都記下，因為要找出知識之間的串連，你就要把老師所講的全都儲起來，才有材料給你消化。但他們做筆記的能力很弱的，所以主要由我做，放學我就告訴他們有什麼記漏了。其實是在教他們怎樣歸納，那堂課的主題是什麼、老師舉了哪些例子、整個脈絡是怎樣。」

曾宇霆最初計劃第一個月每天跟他們一起上課，第二個月便不跟了，要他們自己做筆記，放學再一起討論。但到了第二個星期，其中一位同學已經累得不行；第三星期另一個同學也捱不住；第二個月一些必須要交的功課都沒做好，曾宇霆唯有把這計劃暫停。「不過明顯見到他們做筆記的能力有改善。他們依然未知如何將知識串連起來，是很難的，我因為有一定的知識背景才做得到。但至少他們對於老師所說的，開始多一點重視，會有意願去把它寫低。」

個人化學習

曾宇霆認為學生這種心態需要認真應對：「他們想學，但好高騖遠。也許這是源於不信任，不知道傳統課堂那種按部就班的學習是否真的幫到他。本來每一科都有好特定的內容要教，譬如你要教議論文，需要一個場合去講『議論』是什麼，但他們期望得到的啟發，是一些好有廣度的、或者能夠一下擊中他生命需要的觀點。譬如這兩個同學，他們想回答的問題其實是『我為何要活下去？』他們對於目前這種沒什麼目標的生活，自己心底裡都覺得驚，於是他上倫理堂和文學堂時會覺得好像擊中了這些疑問，但也是擊一下就沒有了。我回望自己，為何我讀書時沒有這個問題，因我們對整個知識系統有多一點信心，老師說這個好勁，我們就會覺得好勁。但現在他們太容易蔑視一切了。可能需要有經驗的人、他信服的人去跟他說，這些一步步的學習其實正把你帶往你所嚮往的解說能力，知識真是有用的、也會是你所需要的。」

他相信幫助學生整合知識、為知識賦予意義是正確的方向，但目前尚未想到具體方法，即使這次如此高成本去帶兩個學生，也未算很成功。不過，他想像那進路應該是這樣的：首先要找到學生熱愛的範疇，譬如學生喜歡哲學，老師就嘗試用哲學的語言去拉近各科知識跟哲學的關係；如果學生喜歡圖像，又要嘗試用圖像的語言去講。過往由老師去整合課程，決定不同的跨科組合，譬如中文與電影、圖像與數學等，其實只是發明了一些經過整合的新學科，離不開由專業人士去決定學生需要學什麼、需要經過怎樣的學習歷程和步驟。

曾宇霆覺得學生要成為學習的主體，應該讓他們從實際需求出發、從外界獲取或自行建立新知識。這「實際需求」可以是出於學生自己的興趣，想學或想做一件事，過程中需要用到新知識，就會學習。也可以是老師給題目，但題目一定要夠闊夠彈性，讓不同個性和專長的學生，都能運用各自的知識和想像力去做。最終會產生出怎樣的成品或學習成果，是無法預計的，但若然學習要變得個人化、鼓勵自主和個性，便正正要有容納這「無法預計」的空間。老師的角色是了解學生正在學什麼，然後提供建議，如何可以將學習進一步深化或擴闊？應該再看哪些書？哪些電影會有啟發的？可以做一個怎樣的創作、主題研究或實驗？

帶著這些想法，曾宇霆和幾位相熟的老師在今個學年開始了另一場試驗：聚集了約二十個學生，志趣與負責老師們是相近的，都喜歡哲學、文化和性別議題、關心社會時政等，老師會跟進和輔助他們整合知識。

曾宇霆期望以小班形式試行一種更整全、以學生為主體的學習，這在本書第六章再續。

第五章　終於要考試

一　理想與現實

時間在創意書院裡過得特別快：學生剛進書院要適應新的制度與人際關係，在自由的環境下面對各種選擇；課堂內外知識和視野不斷擴闊，藝術開啟學生對自身、對世界的探問，傳統學科也嘗試採用不同的教學模式……對十來歲的年輕人來說，這樣的校園生活充實得應接不暇。書院會為所有中四新生拍照，對比中六離開時，幾乎人人都換了模樣，開始有自己的風格，但臉上壓力也增多了：畢業在即，將來的路，要怎樣走？

考試、升學、就業，是學生的個人抉擇，也是學校整體要面對的課題。當學校試行另類教育、釋放師生的教學壓力，必然迎來公眾質疑：這樣學生能應付公開試嗎？如何銜接主流的升學體制？就業前途有保障嗎？學校如何看待考試，直接影響教學方針、課程設計、以至整體校園生活的經營。

創意書院的學生一踏入「考試年」，普遍都是迷茫和焦慮。助理校長龐之馨自創校任職音樂老師，近年負責統籌生涯規劃工作。她觀察到書院中六學生的心態通常陷入兩種極端：「一種是發覺自己時間不夠用了，前兩年顧著創作、做其他事，原來只花了很少時間讀書，於是開始驚，這樣怎考試呢？可能在壓力之下會努力一些。另一種就覺得，我都是不行的了，應付不到考試，可是中六沒有 CPOP 課，就不知道應把動力放到哪裡。」

學生的壓力也源自外界：「很多學生有跟舊校的老師和朋友聯絡，尤其在公開試前的 study leave，見到以前的同學就會比較。有學生視覺藝術和音樂科的成績都很好，其他科也中規中矩，舊同學卻打沉他：『你有什麼厲害呢？你考得好的都是術科而已。』同輩之間時有這些訊息和壓力出現。學生會想，我中四中五做了好多 art work 好開心，但那又怎樣呢？中六了，我即將要面對社會，原來出面的人是這樣想的。要跟這班人競爭，我有這個能力嗎？」

兩難取捨

過往書院一些優秀學生，因為無法兼顧創作、讀書及校園生活，最終在公開試失利。舊生劉錦說：「我們入來讀 CPOP，藝術的衝擊很大，亦太吸引。學畫畫，我思考當代藝術的內容和語言；CPOP 我讀電影，會想電影究竟是怎麼一回事；然後通識科又講現代世界，我好想知道其他國家的政治社會是怎樣的，看書，跟老師傾。其實隨便一樣已經忙死你了，好自然會覺得，算啦，我走英文堂吧。」結果劉錦在高考時英文科不合格，只夠分升讀副學士，幾經轉折才完成學位課程，最近在中大藝術系碩士畢業。

舊生 Miki 花了很多時間組織「無花果」關注校政，喜歡課外閱讀、參與公共討論和社會運動，結果負荷不來：「我常常覺得上課時間應該要短些。八點四上堂，上到四點幾，每堂課都在問一些好大的問題，你要花好多精神思考，然後還要做創作。別說學生，老師們都很累。」但學校的課時不改變，她唯有自行遲到曠課，「寧願睡夠了、百分百精神地回來，好過返學但在課堂上睡覺。」她也沒法憑高考成績考進大學，畢業數年後才在美國從社區學院讀起，現就讀加州大學柏克萊分校的城市研究系。

創意書院的學生仍要修讀傳統學科，功課量不多，可是課程編排得緊密，負擔可以比傳統學校更重。Miki 說：「這也是個矛盾，未必是書院貪心，但究竟我們要做一間成績好的學校、還是一間創意書院，校方應該要有個取捨的。那時老師都有種掙扎，想教些有意思的內容，但未必對考試有幫助。對學生來說，要兼顧學術成績，又要有書院提倡的人文關懷、對生命的探索、對事物的好奇心等，兩邊都要做得好的話，就要用多些時間，一定不是三年內可以。」

前助理校長嚴惠英指書院定位一直清晰，就是藝術創作為先。推動藝術教育是書院成立的目標，收生亦以學生對藝術的天份和興趣作首要考慮。但校方從來強調學生不應忽視學業，「在我們心目中，讀書和創作都重要。做創作也很需要學習文化科目，要有語文能力和知識去支持。只不過肯這樣刻苦地把兩樣都做好的學生很少。所以我們讓學生自己選擇，你可以放多些時間讀書、也可以放多些去創作，或者你想兩樣都做得好，就要超級辛苦。如果問題是時間不夠，兩、三年太短，那其實我們一向容許學生延期畢業。有好些學生都讀了四、五年，只不過他們即使延期都不是選擇讀書罷了。」

自由抉擇

幾百個學生的需要、能力、興趣都不同，書院讓學生選擇，也有空間讓老師按自己的價值觀去取捨。有些老師較重視考試、熟悉應試要求；也有些老師更重學問與創意思維，以啟發學生為先。

譬如教中國文學的老師郭梓祺，在一些學生眼中是「神級」的老師，上課時會講英文詩、希臘神話和西方哲學。舊生 Iris 說：「上他的課是超美滿，其他班的同學都走堂過來聽。但他完全不會教你應付考試，沒做過 past paper，連 SBA（校本評核的功課，需呈交分數並計入公開試成績）也忘了叫我們交，臨近死線才一次過交七篇文！」舊生Apple也是郭梓祺的「擁躉」：「他說過：『考試的東西只是這麼多，但真正的文學是好廣闊的。』考試範圍內的他會教完，功課也相對多，但都不是應試練習。我那時就出去補習。因為很喜歡他的課，所以好努力讀，覺得如果讀得好他應該會開心。喜不喜歡那個老師都好重要的。」

每個老師的教學風格很不同，書院會讓學生在提出合理解釋下申請調班，跟隨適合自己的老師，並有「special programme」讓學生申請豁免部份課堂，自訂學習計劃。熱愛創作的同學會用這些時間畫畫、寫劇本、練樂器，也有想操練考試的學生找老師額外補習英文和數學。

馮美華說：「我們好視乎學生有什麼需要，只要他想學，就盡量想辦法讓他能學習得到。」她記得舊制高中年代，有些讀預科的學生來自傳統名校，會考時修讀英國文學，轉校到書院後仍想繼續讀，但書院沒開設這科。「剛巧那時我們的圖書館職員英文好好，我就問她，肯不肯教幾個學生讀英國文學？她肯，就用圖書館工作比較空閒的時間去教。那幾個女孩子學得好開心，最後都有報考 A Level 的英國文學科。」她認為應照顧到每個人的程度和目標，盡量予學生自由選擇：「你不喜歡這個老師，那你想跟哪一個？你這天覺得累，就暫時不學吧；明天可以學多些，就學多些。最緊要你覺得怎樣的狀態能夠學到最多，你跟老師談妥了就行。」

競逐時間

自由選擇常被誤解，很多學生入學前聽說「創意書院很自由」，以為自由等於輕鬆愉快；實際上自由也意味著責任，學生得為自己的選擇負責。然而不很多學生足夠成熟地處理，可能口說想要更多時間創作，實際只是逃避不擅長的學科；可能會要求老師多點操練考試，但只是迫於父母期望或社會壓力，於是常在創作和讀書間搖擺不定，即使下了決定也沒持續力去實行。

在自由的氣氛下，很多同學亦沒法抗衡惰性和各種誘惑，就算想讀好書、做好創作，卻難以管理時間。視覺藝術科統籌老師楊靜說，書院學生雖然創作普遍較強，但公開試視藝科成績並非特別出眾；合格率雖高於全港平均，考得頂尖「五星星」、「五星」級的比例卻低——「因為校本評核部份需呈交一本作品集，分數佔公開試成績百分之五十的，要拿到五級以上的好成績，真的靠勤力。」

傳統學校的學生雖然功課多，但旁騖較少，楊靜見過他們的作品集厚達百幾二百頁：「我問教那些學校的朋友，他們說學生自己會每星期做三、四頁，慢慢儲下來。但我們的同學，有些在藝術上好有想法、能力好高的，作品集卻到最後兩日才趕出來。那些創作意念、作品如何發展的過程都沒保存到。按照評分準則，我只能給他很低分。也有些同學太過追求完美，『哎呀我怕貼錯呀』、『中間漏了一頁怎麼辦？』好想執好所有資料才一次過砌，甚至專門去找特別的紙質，但最後幾天才趕出來，就會『甩漏』，連自己最好的作品都沒放進去。」

書院是按不同年級而釐定發展目標：中四提升學習動機和發掘個人專長為主，教學上著重引發學生的興趣和擴闊視野，老師可以教自己認為最有趣、最值得分享的知識。到了中五，學生開始要確定自己的發展方向，選定一科CPOP專修；傳統學科的課堂上也會增加應試訓練，並須呈交公開試「校本評核」作業。中六那年沒有CPOP，大部份時間練習公開試題、做作品集，為升學就業作準備。

然而這種劃分，未必切合學生的個人狀態和發展步伐。中四全年只有一次考試，但學生依然常常反映課堂教的與考試並不對應，難以應付，不像一般學校平時就有各種大小測驗、期中考、期末考，功課出題方式都跟考試一樣。中五學生專修一科CPOP，希望投入創作時，學科老師也開始追學生交校本評核作業。CPOP的創作完全沒規限，校本評核卻要按照評分準則去做，很多學生都寧願花時間在前者；即使學科老師再三提點，仍有不少學生未能按時完成。

理念矛盾

前理工大學設計學院副教授、藝術家曾德平在書院兼職任教視藝科課程，他以往亦曾擔任公開試視藝科的評分員。創意書院校董會為了解視藝科成績為何不理想時，曾徵詢曾德平的意見。「他們買了一些試卷回來，都是在校內表現很好的同學，為何出到去只考到第二級僅僅合格呢？」曾德平說：「我看的時候不知道那些卷是什麼 grade 的，就用當年評卷的準則去看，我說，全部都是第二級吧。他們問，為什麼給這樣低分？」

「那年的題目是要做一個人工島的 visual representation。我以評分員的工作流程來說，能花在看一幅畫的時間可能只有三至五秒，所以第一件事就會看你對不對題，即是說：島在哪裡？有兩個同學都用了象徵手法，只見到人，沒有島；但技巧不錯，那給你合格吧。就是這樣，幾秒就決定了。另一個同學呢，幅畫裡面有五分一是個島。我說，如果把這五分一剪出來交上去，一定可以考到第四級，但現在這樣，只得第二級，因為主題不明顯。」

曾德平認為，書院所推行的藝術教育，著重開發學生對創作的理解和想像力。他去年在書院教的視藝科選修單元稱為「現成物、城市詩」，讓學生用現成物品去創作視覺表達。譬如他早幾年用蒜頭衣做燈罩，廚餘變成發光的小花，非常美麗，以此啟發學生用不同的農作物去創作，學習觀察日常物件的質感、特性，開拓新方法。「在我們的課堂裡，沒有畫架、畫筆、油彩那些東西，學生要知道畫畫不一定用水彩的，用瀝青又可以，用紅毛泥又得。我們鼓勵學生突破框框的，不會用一種答題式的創作方法，但公開考試一定是答題式，那學生怎會高分？那考試對藝術的要求或看法實在落後了一百年，我們在這裡做一些另類的藝術教育，三年後卻把學生生推返出去考試，其實是拉扯緊自己。」

在這種理念矛盾下，一些學生就對考試抱著輕蔑心態。老師楊靜說：「早幾年教過一班同學，他們會說：『什麼？你公開試考到五級呀？那正正代表你藝術不行嘛！』彷彿成績好是一種侮辱來的。」她記得那時有個很優秀的學生，既有天份又肯努力，即使不是學校規定的功課，自己也會用創作抒發情感、表達想法，藝術就像是他生命的一部份。「他視藝科的作品集是完美的，五十分裡面，我忘了導師是給四十九還是五十分？公開考試時，他中文作文是寫信給那位評卷員！題目不是這樣要求的，他自己決定這樣寫。視藝科也是，事前都有跟他説，要拿分就要留意什麼，寫得造作一點都沒辦法，這樣鋪排會比較顯示到你的能力。他完全不管。他原本很有機會考到『五星星』（最高成績），但我覺得，也好呀，他有這份傲氣，我沒理由打沉他。最後他都考到『五』或者『五星』。現在去了國立臺北藝術大學讀書。」

類似困境也出現在通識科。書院鼓勵學生有批判思考、關心社會時事，但其中一些最有想法、論述能力也不弱的學生，在通識考試裡卻獲得很低的分數，甚至被評為U（unclassified）。舊生Miki在高考年代應考通識科，整體的分數是B，但其中一個部份只獲U級。「我猜評分是定了一些詞彙，要在答題時用到才算懂，拿到分數。但我不是這樣讀書的嘛，我作答就是分析題目，沒有刻意用什麼關鍵詞，所以就U了。他又不是給你fail，因為我答了很多。」中文科亦有這些情況，明明平時文筆好、喜歡閱讀的學生，公開試考得很差。老師們相信，部份學生是真的不懂拿分，另一些則是拒絕妥協，根本不想去懂。

有能力的學生可能不屑應付考試，能力較弱的徘徊於恐懼與放棄之間，亦有不少學生屬於偏才，部份學科表現優異，其他科目不合格——於是歷來書院的公開試成績都非常慘淡。

開校後第一屆會考放榜，有舊生形容：「有分已經好開心，『你有兩分？好勁呀！』十幾分的同學已被奉為神人。」轉制至新高中後，文憑試能考到「33222」(註) 入大學最低門檻的同學，每屆不多於十人。由於實際上學位不夠，這些學生大多只能入讀副學士，每屆只有一兩人能直升學士課程。最基本「五科二級」可以報讀副學士和高級文憑的，亦只有十幾人。

迂迴升學路

書院學生的升學機會，相對路途漫長而迂迴。學生修畢副學士和高級文憑，有機會升讀學士課程；若學生連「五科二級」的門檻也跨不過，可以再多讀一年基礎文憑，也有不少創意書院畢業生報讀本地私立的香港藝術學院（Hong Kong Art School），經高級文憑再上學士課程。家境較好的則往外國的藝術設計院校升學。校長謝國駿說，年輕人在摸索前路的過程中，就業或就學狀況經常改變，沒法提供準確數據，要靠班主任逐個聯絡畢業生，收集資料後發現，畢業後數年內能升讀學士課程的學生，約佔百分之十八，「這數字跟社會整體上能夠讀大學的比例差不多。」助理校長龐之馨說。

在香港，副學士和高級文憑升讀學士的銜接學位競爭非常激烈，根據各間提供副學士課程的院校數據顯示，升讀本地資助大學學士的比率只有一成至三成半不等，書院部份學生成績平平，都是靠作品突圍而出，獲大學的藝術或設計學系取錄。龐之馨解釋：「我們的學生讀 CPOP 有創作，視覺藝術科有做 visual diary，視藝科和設計與應用科技的校本評核都有做作品集。到了中六，老師會花很多時間幫學生構思，怎樣將這些作品整合、鋪排，呈現學生的個性及創作能力，再做一套個人作品集讓他們升學面試時用。」

比起經聯招直入本地大學、四年畢業；書院學生往往要花五、六年才讀完學士課程。能否成為大學畢業生，其中一個關鍵是家庭經濟環境。家裡付得起學費，自可繼續在求學路上探索，也有學生要申請貸款，一邊打工維持生活。曾經有學生在藝術上表現優異，獲獎學金付學費；但家裡仍埋怨少了一個人賺錢，終日催促他找工作，唯有中途放棄學位。

註：「33222」指中英文科取得第三級或以上，數學、通識及任一選修科取得第二級或以上，是本地大學對學士學位的最低入學要求，部份院校或學系的門檻更高。實際上學位競爭激烈，學生通常要考得第四級以上才能爭得一席位。

二　出走台灣

近年書院畢業生最熱門的出路：去台灣。香港學生報讀台灣大學，可循「個人申請」或「聯合分發」機制，前者不看文憑試成績。學生在中六上學期報名，提交作品集和面試，文憑試開考前已知道取錄與否。台灣公立大學的學費比香港的資助大學便宜，私立大學也只比香港的資助學位貴一點點。近年每屆都有十幾二十名學生到台灣升學，校方亦逐漸與一些強調藝術和設計科目的台灣大學建立連繫。

助理校長龐之馨說：「大概是二零一二年第一屆文憑試，我班上有學生創作確實不錯，好有個性，初初也擔心他沒法升學，結果台灣收了。那年台灣幾間好出名的藝術大學，都收了我們的學生，老師們覺得好鼓舞，而學生也發現『原來台灣都是一條出路啊！』」她不諱言部份學生可能將事情想得太輕易，台灣好的大學雖有一些名額留給港澳學生，但熱門學系全港可能只取錄兩、三人。「他們收台灣學生是依據考試成績的，收海外生就可以完全看 portfolio，當然想揀創作上最好的人。」

較多畢業生入讀的包括國立臺北藝術大學、實踐大學、國立臺灣藝術大學等以藝術和設計教育知名的院校，修讀範疇主要有電影、戲劇、時裝設計、建築等，亦有學生報讀語文、哲學、社會科學，或醫療護理、飛機工程等應用科目。

學生畢業後回港，申請一些政府或資助機構職位時，須向學術及職業資歷評審局提交資料以取得學歷認證，據政府提供的數據，過往幾年平均九成申請獲批。「通常學歷都沒問題，有些要補讀若干學分就可以。」龐之馨說：「如果回香港是做藝術創意行業的話，經驗和能力就比學歷更重要。專業的工種譬如教育就一定不行了，回港要補讀教育文憑。有學生讀醫療護理，我提醒回港未必被認可，但那個學生說喜歡台灣的生活節奏，讀完打算在那邊發展。」

虹仔是創意書院第一屆學生，曾連續四年報讀演藝學院，均被拒諸門外，成為首批前往台灣升學的畢業生，二零一一年到國立臺北藝術大學（北藝大）修讀劇場藝術學士，前年學成回港。

虹仔說當時去台灣手續較繁複，要先通過台灣的「香港考區學科測驗」（改制至文憑試後取消）。「有最低分數要求，過不到就要到僑生先修部讀一年，讀返類似會考的內容。還好我剛剛過到。然後就是看 portfolio，用 skype 來面試。我要借最好的電腦、最好的上網連線。因為只得五分鐘機會，斷線就『大鑊』了。我猜對方是喜歡我的 portfolio 吧，我做過好多大大小小的活動。那老師都問：『虹仔，你搞這麼多活動，你真的喜歡讀書嗎？』」

虹仔原先不愛讀書，讀完中三便因成績太差被踢出校，轉校讀中四又要留班，「我於是返大陸幫阿爸手，在針織廠做個小工人，但很不適應，好想回香港再讀書。」社區中心有輔導服務跟進輟學的年輕人，虹仔在一次活動中接觸到戲劇，發覺自己很喜歡表演，開始參加朋友經營的劇團。後來在社區中心見到創意書院招生的宣傳單張，便去報讀，「我留意到四個 CPOP 課程，但又未至於很明白或認同學校的主張，只是隨遇而安地報讀。」

後來才發覺得書院很適合自己：「這裡給你很多空間，除了跟學校的戲劇課，我還與朋友搞了一個劇社，發表自己的小創作。May Fung 說，總之你有作品就約時間讓同學一齊睇，她很支持鼓勵。於是就常常排戲、做表演，有時在學校排到半夜兩、三點都未走，有種莫名其妙的激情。作品好不好是另一回事吧，但好想多做一點事。」虹仔亦有繼續參與校外的劇團和暑期課程，一年到晚都在忙，學業成績則沒什麼改善：「我第一年會考只得三分，第二年再考，五分。」他覺得責任不在書院：「自己根底本身差，而且那時對會考又未算真的很在意。」

虹仔很想繼續學戲劇，香港只有演藝學院，自二零零八年第一次會考後，他連續報了四年都不成功。「我不知是因為我會考低分，抑或覺得我不適合，報第三年時都入到最後一輪面試。」當時演藝要求會考五科合格，虹仔未能達標：「有門檻也是應該的，可能需要有這樣的基本條件才能完成之後的課程吧。」

他也讀過香港專業教育學院（IVE）的拍攝課程，但三年制高級文憑只讀了一年：「因為不習慣他們的教學內容，創意書院教拍片是給你自由去拍攝，自己決定拍什麼。但 IVE 就要跟老師認為的一套去拍，用怎樣的鏡頭和角度都講好了，我覺得為什麼要規限我呢？還有一堂是教 lifestyle，找來一些老師教我們怎樣穿衣服、整理自己的儀容。我覺得好奇怪，無論我整潔或邋遢，都是個人選擇，為什麼要弄一個這樣的課堂？」就學期間，他繼續接各種與劇場有關的工作，到社區中心、非政府組織和學校教短期課程，雖然收入尚可，但求學之心未熄。報演藝報到第四年時，朋友提起北藝大這間學校。虹仔當時對台灣一無所知，上網找資料、辦手續，經過一番努力終於考上。

學問的重要

虹仔不是為學歷，而是想有更深入的學習。他覺得在創意書院讀 CPOP 課程的時間太短了，尤其當時是兩年舊制高中，中四一年讀三科 CPOP、中五讀餘下一科，只能讓學生有簡單的體驗。「但創意書院的戲劇課，跟那時我在外面劇團經歷的很不同。那時書院的老師有黃大徽、阿端（梁曉端）、梵谷（吳偉碩）、何應豐，都是比較注重個人創作的，讓你開始有意識向自己發問。而且會帶我們認識一些當代的、前衛實驗的、概念式的作品。我在外面參與的劇場就傳統一些，比較重團隊合作，以大家一起經營個作品為先、個人的想法為後。」

「我覺得兩種都有好處和盲點。在創意書院，因為編導演都是你，創作上是很自由的。但我比較不知道一個基本的演出架構是怎樣，有什麼技巧，從頭到尾的準備過程，這些我就從外面的劇團去了解。對於入門的同學來說，這樣一來就進入創作層面，是否一件好事呢？我有點懷疑。書院的理念是技術留給大學來教，書院主要發展同學的想法。但『想法』其實是好虛無的。當你欠缺一些好基本的認知，譬如劇場的表達方式、演員運用身體的能力，就算有想法都未必知道如何表現。而且在那個年紀……其實好少人真的有什麼了不起的想法吧。」

虹仔希望有更紮實、更專業的學習，自覺一定要到大學繼續追尋。在北藝大的四年，確實有極大得著。「學校環境好靚，課程多元化，同學相處也融洽，日子過得很充實。我一個外地人，也爭取到頗多演出機會，後來還可以用國語表演。這四年能夠把時間心機花在我喜歡的事情上，心滿意足了。」

現在回看，他覺得自己中學時喜歡戲劇，主要是享受演出換來的成功感和自信心：「在台灣研讀過那些大師級作品之後，便發覺從前的所謂創作實在太雞毛蒜皮了。現在創作對我來說，通常是對某些問題產生了感受，便向著這問題慢慢去挖掘創作的元素。對於人類情感的闊度與深度，我很有興趣去探究，會觀察和深思熟慮多一點。以前就好簡單直接的。」

他也喜歡上一些人文學科的課堂。「辛意雲老師是台灣的國學大師，我常常選他的課。他講授傳統中國思想，七十幾歲的老人家，講課之餘也會加插自己的見聞，講得好生動有趣，好好聽。」虹仔畢業前，辛意雲老師曾問他有何打算，「我說應該先回港工作吧。他就跟我講莊子的《逍遙遊》，說大鵬鳥起飛的時候，目的地愈遠，起飛的過程便愈久。他想告訴我的是，現在準備得好一點，將來就可以飛得更遠。」

虹仔一度興起再進修的念頭。「讀中國話劇史時，老師介紹了一些內地的劇場作品，人家的表演，功夫好紮實，在我見過的台灣和香港作品之上。」那些演員很多都是中央戲劇學院畢業，令虹仔也想入讀，畢業後曾申請碩士課程並赴北京考試，但沒考上。

雖然從工作中也可學習和進步，但虹仔覺得學校的好處是有老師指引。「我不敢說大家都一定要升學，但我相信天才不是很多，在學校比較容易學到。」他覺得有些創意書院同學太看輕讀書的價值：「我在劇團裡，常常和不同人合作，會見到那些讀書叻的人，做劇場都有優勢。那些名校出身的朋友，解難能力、思辨能力真的比較強，你不能一面倒覺得讀書叻就是書呆子，其實會考分數也反映你的基礎。我相對是執行型吧，語文比不上，是我的遺憾。」

艱難之路

虹仔觀察到部份書院學生把台灣當作「水泡」。近年台灣學生人口減少、大學錄取率高逾九成，香港學生若不要求一線名校，在台灣讀大學並不太困難，不少人純粹覺得台灣是一條較易走的路。「當然不是所有人都能在書院畢業時就找到自己想做的事，但你真的要抱著尋找的心態去讀，而不是過得一日得一日。若是這樣，你去歐洲又好、美國又好，給你讀最殿堂級的學院都沒意思。」虹仔見到一些同學去完台灣似乎更迷茫，回港後過著些嬉皮士般的生活，覺得有點可惜。

而即使讀了大學，不一定增加收入。虹仔目前以 freelance 形式工作，教戲劇班、短期課程等，也接商業演出賺錢，並與朋友創辦艾菲斯劇團。「單靠劇場創作很難生存。到海洋公園表演，時薪可能有六十五元，但排一套劇場作品，不可能有這價錢。在海洋公園表演很簡單，相比在作品上投入的心機，可能只需要用一成的力，但創作就是不值錢。我有時都想，為什麼呢？不應該是這樣的。不過我算幸運了，有人找我教班，公價大概有五百元一小時吧，就用這些來支撐生活，但月入不足一萬。」

虹仔認為空有熱誠是難以持久的，強調自己視劇場演出為工作：「除了熱愛，也需要以我的專業換取合理薪資。而且在很多情況下，不見得所有環節你都喜歡，但這是你的工作，就有責任去完成。」在台灣時認識的師兄師姐、劇場前輩是他的榜樣。「我好欣賞那些無論幾艱難都好，仍然跟隨自己的心願去行動的人。在台灣做劇場一樣好艱難，他們日間做很多與劇場無關的工作，夜晚就抽時間來排戲，想辦法維持，依然與藝術一起生活。如果我選擇不跟藝術一起生活，也許當侍應都多錢過劇場，但忠於自己的心願很重要。」

他寄語仍在讀創意書院的學生要珍惜時間：「書院提供了一個好自由的環境給

大家，這段時間其實好快過，但當你在讀時不會意識到。如果沒有尋找一些適合自己、屬於自己的東西，時間白白流失，日後出來工作，未必再有這樣的機會了。」

三　職場裡的書院人

讓學生找到適合自己的道路，是創意書院重要的教育目標，是否考公開試、是否要升學，只是其中一些可能的途徑。書院氣氛並沒有覺得升學是必須的，過去亦有不少學生畢業後投身職場或創業。「我還慶幸自己沒升到大學呢！如果留在原校，我應該會升到大學，但我的人生因為書院而改變了，升不到大學我完全沒所謂。」舊生 Iris 說。

Iris 和李寧是創校第五年入讀創意書院的學生，兩年後畢業，後來成為情侶。李寧自小對紋身有興趣，買工具自學，畢業後兩人一起經營紋身生意。李寧負責圖樣設計和紋身，Iris 負責安排工作、聯絡客人、宣傳。他們會花時間了解客人的性格和故事，創作出專屬的紋身，就像繪在皮膚上的圖畫一樣，作品常帶點超現實色彩，由於有特色，預約經常爆滿。李寧一邊到香港藝術學院進修，Iris 也發展小時候對編織的興趣，去台灣學織布，回港後開工作坊、自己做一些織物在網上和周末市集擺賣。倆口子一邊學習、一邊靠著手藝生活，間中還會停工兩個月去旅行，日子過得快樂充實。

功利的校園

Iris 入讀創意書院前，在 Band 3 中學就讀，個性反叛，本來是老師校長的眼中釘，但會考得了廿四分，是文科班最高分。「之後他們對我的態度就完全變了，好像當我精英一樣。校長定期約我聊天，又問我想不想做 Head Prefect！」Iris 覺得這群師長很勢利，也不滿自己的政治立場常受打壓，「我去完六四集會後拿傳單回學校派、貼在報告板上，老師就會鬧，說貼告示要申請。我戴六四手帶，他們又說不准戴飾物。」校內也沒什麼關心社會的朋友。中六那年正值反高鐵運動，她第一次到社運前線，見到書院師生結伴參與集會，十分羨慕：「好想脫離舊校。當時自己的世界觀在改變，覺得高中不能這樣完結。」

她轉到創意書院重讀中六，兩年裡看了很多書和電影，也遇上幾位啟蒙老師，在校內熱心 Student Voice，校外參與社運，沒花多少時間讀書，加上中七時感情出現波折，父親患癌，高考成績不理想，只入到副學士。「我去 HKU SPACE 讀文化研究，好像跌回惡夢裡一樣。」她說副學士升學士銜接學位的競爭激烈，同學視彼此為敵人：「分組做 project，第一句就問你上學期的 GPA 幾多，講完也不信，要『cap 圖』，還會陷害你，六個人一組，三個人努力做、三個人無做，無做那三個突然向老師告狀，反說我們無做事，然後就拿你的 powerpoint 去 present，我嬲到喊！」

她大半年後決定退學。「個個都在鬥 GPA 幾多、有沒有收到面試通知、去到第幾輪。我 GPA 三點幾，都有希望升上去，但覺得升上去又是跟這班人一起，我的人生就玩完了，我永遠都是在意這些事情……」Iris 莞爾一笑：「其實想學習可以去大學旁聽呀，不一定要學位，我不再嚮往大學生活。有些朋友升上大學都覺沒意思，迎新活動好無聊，人際關係和朋黨好麻煩，想住宿舍就被迫要好活躍、要跟人混熟，好驚被人趕出去。創意書院不會這樣集體主義的嘛！」

李寧轉校到創意書院原因相對簡單，因為會考只得六分，報 IVE 又失敗了。「我在舊校讀理科，art 屬於文科不能選修，升不上去，就去報 IVE 的設計課程，但報名要上網鬥快撳製申請，我事前明明已到調景嶺 HKDI（香港知專設計學院）面試，感覺好似都有機會的，但還是要經過上網申請，我住村屋，連線好慢，明明撳了又說我沒撳過，別人撳得快過你，這樣學位就沒了。」

母親去拜訪小時候教李寧畫畫的老師問意見，老師推薦他讀創意書院，馬上就被取錄。當時正值新高中轉制，書院讓李寧選擇讀中六，考高考；抑或重讀中五，翌年應考第一屆文憑試。李寧選了難度較低的文憑試，雖然成績有五科二級以上，但因為英文成績，要先修讀香港藝術學院高級文憑，再升讀學士課程主修繪畫。

視野的開拓

Iris 和李寧現時謀生的主要技能，均非在創意書院裡學習得來的，而是畢業後自己開拓。但他們都肯定書院的教育。「書院是協助你建立一種視野的。」Iris 說：「我都知講『視野』太虛，但是真的，那個視野令你早過別人 ready 去進入這行業、了解行業的生態。」

視野包括思維、創作意念的開拓、文化養份的累積。「剛進創意書院時，總是沒辦法對別人解釋你在做什麼。」李寧說：「阿媽會問你搞緊乜？又無溫書，又不用做功課，覺得你不務正業。以往多年的中學小學，她都好明確知道你在做什麼，我沒法回答，我就是吸收了很多東西、聽到好多新事物。阿媽會問，你是不是畫畫愈來愈好呀？但好明顯不只是這樣，畫畫去到一個地步，就是一些概念上的事情。」李寧覺得在書院兩年很多思想衝擊，改變了創作的觀念，但基本功學得不夠，「書院不是沒有教，是沒有鼓吹基本功的重要吧。若你之後想真正專長那一科，會需要更有系統的教育。但我覺得這個安排是合理的。在書院時儲下的作品，即使今天再看仍有一些參考價值。」

另一種視野，關於就業。Iris 說：「主流中學有升學輔導小組、前景顧問，但都只是建議你繼續讀書，成績不好就讀技工科，等你有份『搵食工』，其實扼殺了其他想像。創意書院真的讓你接觸到行內人，見到他們怎樣維生、怎樣成功，讓你知道有這些可能。」李寧亦說：「書院不是搞講座請設計師來分享，而是平日就可以跟著他學，甚至會得到一些工作機會。那時阿龔（龔志成）教音樂，我試過好窮，要交租了，同學就說阿龔要人呀，有個表演，去半日就有幾百元。我們有些舊同學現在久不久都跟他開工。」亦有不少學生沒讀大學，跟了 CPOP 電影科的老師做美術指導、電影道具等。

Iris 指書院既有機會讓學生見到業界裡的人，亦是一個機會讓業界的人看見你：「那時有些 CPOP 讀表演藝術的同學，因為出色，被劇團揀了去。」學校的多媒體劇場除了用來上課和集會，也是正式的表演場地，經常租給其他藝術團體演出。「那些想做劇場技術員的，終日在控制室裡熟悉操作，畢業後直接就可以工作，有點像在職培訓的。而且在創意書院教的老師、藝術家，都是文化界裡的一個網絡。我們當年畢業時，這個網絡非常有效。」李寧說：「如果你想升學，May的推薦信超級有效，只要你拍門，平時表現又不太過份，她都會寫的。你不夠分升不到學士學位，但如果入副學士也要跟人爭的話，有May封信就差好遠。」

藝術與麵包

即使成功升讀大專的藝術相關學系，但很多學生畢業後沒有繼續創作，其中一個原因，是失去書院的群體氣氛和支援。書院時每年至少兩次創作週，全校的氣氛加上時間壓力，會讓人「爆發」到一些好作品出來。

而且書院為鼓勵學生創作，那環境有點脫離現實。李寧說：「可能你只是寫了劇本，怎樣set場都未想好，就可以找同學做演員，大家一齊走堂拍攝，請同學吃個飯盒就行了。器材由學校借出，不需要解釋，也不需要寫什麼 statement，只需把心裡覺得靚的作品做出來就是。書院的資源實在多到……根本是溺愛你的，那些顏料、UHU、laser cut 任用，工具齊全得過份，好像不計錢般。我記得有種裁剪圓形的工具，在美術用品店差不多要二百元一個，學校買了一堆，很快就被拿光。」一些學生習慣了這樣的氣氛和配套下創作，畢業後面對種種現實限制，較難有足夠動力持續。

書院畢業生也不一定能一開始就靠賣作品維生。李寧先找一份收入穩定的手藝事業，一邊讀書、一邊創作，慢慢花時間浸淫。「對我來說，什麼工作都可以，去屋企樓下斬牛雜也沒問題，賺錢交租罷了。但要揀定一樣專長，好好地長線發展。」與李寧同期的舊生 Milk，醉心音樂與電影，畢業後繼續創作，一邊接商業工作例如拍攝 MV、宣傳片、做廣告配樂等，儲了幾年錢後再到台灣的大學讀電影。

舊生 Kensa 畢業後沒再進修，選擇從工作中學習，先後做過設計、電影和舞台劇道具、影片剪接、耕田和養蜂等，公餘抽時間畫畫和看書。他做設計時收入很好，但認為一件事有意義便不太計較報酬，也會接一些沒錢的工作，有段時間月入只得六千元，仍然持續創作。

他不認同生計與藝術追求不能並存：「我明白有些人可能要養家，但我賺六千時也照給家用的，不然阿媽知道我賺少了會擔心。很多情況是自己的選擇而已。有些同學會說：『我吃飯都不夠錢，都要有社交嘛。』你可以做宅男的呀。『我返工要化妝所以要買化妝品』，那你揀一份不用化妝的工就行了。我生活好節儉，長期帶飯上班，無飯食便食菠蘿包、印尼撈麵，家裡所有家具都是拾回來的，但我非常快樂。現在的積蓄夠我待在家裡幾年畫畫，吃餅乾過活，花費少，我可以喜歡做什麼就做什麼。」

缺失的體系

藝術家及教育工作者曾德平指出，在香港讀藝術的學生，即使讀上大學，畢業後仍很難以創作維生，因為香港的藝術體系並不健全。「政府當年說要推動創意產業，想抄英國，但又沒抄足。藝術在香港，到現在都沒被中小學列為必修科，整個藝術的架構也沒做好，只弄了些 PMQ、JCCAC 出來。英國為何成功呢？人家文化基礎好深厚，Turner Prize 或者 Young British Artists Award 一推，由私人畫廊、畫商、策展人、博物館、展覽廳、賣文創產品的公司都會支持，年輕人出來，有咁高推咁高，大家都得益。香港怎樣推到一個明星級的藝術家出來？完全沒有這個系統。繼續在大學開藝術課程、多些畢業生，只是更加人浮於事，甚至連浮的位置也沒有。」他認為在社會現況改變之前，學生能做的可能就是改變心態：「如果家裡真的需要錢，那在香港是好難解決的問題，就要取捨和平衡了。不是說不能做藝術，而是不能用傳統那種創作方式去過你的藝術生涯。」

曾德平在藝術方面的師傅藝術家「蛙王」郭孟浩，信念是藝術即生活、生活即藝術，人們每一刻的行動、散發出來的能量，都可以是一種「happening art」。曾德平在書院教學生用現成物創作，便是承襲這種精神：原來我們生活裡的平常物件可以這樣「玩」，而創作不一定要畫一幅畫、做一件雕塑。「我現在也脫離了藝術圈，但沒放棄創作：玩 Facebook 是創作，落田耕種也是創作，與學生上課又當是 performing arts 去做，一直透過日常生活在創作。我沒需要在火炭租個 studio，做個 installation，在畫廊做展覽，然後賣作品去賺錢，或者密密寫 proposal 給藝發局養活自己。沒錯，這是藝術圈裡認可的『全職藝術家』，學校也令學生如此相信，學生的沮喪由此而來。但對我來說，我不用再受畫廊和展覽館框住的時候，可以好開心地創作。雖然我可能要去便利店打工，去洗碗、去做樓面……但藝術一樣可以透過這些職業，令我有更完美的人生。」

在曾德平眼中，藝術是對真善美的追求，是一種生活態度，也是看待世界的方式：「如果我們沒有將這種藝術的理解、一個更闊的理解帶給學生，他們的選擇就只有那幾種了。」

教育不為就業

不是所有書院同學都想從事創作，好些學生並非因為喜歡藝術而入讀，畢業後的發展很多元化：不少做文職、銷售員；也有人做健身教練、幼稚園教師、空姐、地鐵月台助理、電視台藝員、搭棚、考警察等。有老師記得最經典的一個去泰國做僱傭兵：「是第三、四屆的學生，常在 facebook 貼自己帶著槍的照片，保護政要。」

李寧覺得學校其實沒責任幫學生安排就業：「離開學校就是你自己了，一間藝術學校沒辦法擔保什麼的，學校的責任是給你最好的學習資源。而且，現成講得出來的出路，即是那些大家都知道的路，好窄啦。」他們説起一個書院同學，是線上遊戲「英雄聯盟 LoL」的高手，在香港排名頭幾位，曾經打算當職業電子競技選手，出色的選手月入可達十多二十萬元。又有同學開工作坊教人製作「天氣瓶」，因為風行一時，很快賺了十數萬。年輕人會發掘方法，在新興產業裡生存，李寧不否認這一代面臨就業困境，但指出這不是讀藝術才獨有的問題：「根本全世界的人都太多了，就連入學都有困難，學校怎能確保你讀的東西將來可以做到？」

近年創意書院的舊生群體中有種聲音，覺得學校在宣傳上只提及那些升到好學校、或者能以創作為業的「成功例子」，實際上這些人只佔畢業生的小部份，大多數人做著跟藝術文化無關的平凡工作。

舊生詩詠認為在書院所學到的，不一定要成為藝術家或創作人才有用。「創意其實是讓你想得出更多解決問題的方法，跟生活各方面都有關係。」她六年前從書院畢業後，曾做過藝術行政、活動策劃及一般文職，覺得在書院時的所見所聞，令她的思考方式更靈活，工作時也能提出更多點子。「普通人常常在某些位絆著了，轉不到彎，但我可能會想得出另一個方法，要『度蹺』時，也多一些參考，譬如可以好快想得出請誰來做嘉賓、找誰幫手，跟人家開會也更多話題。如果你沒有那些文化根底，便要慢慢上網 research，輸在起跑線就是這麼回事。」

但她亦同意學校對外宣傳的形象和願景，與實況存有落差：學校以培養文化創意產業專才為目標，但實際上學生不會想那麼遠，很少有人在十幾歲已經很清楚知道什麼是創意產業、決志投身。

詩詠弟弟比她小三年，後來也進書院。「他就是那種擺明沒法考試，也沒思考過自己要做什麼，由細到大被家裡照顧得很好。他畢業便去機場做搬運工人，做了一年之後覺得『嗯！我要有理想喇！』就去做糕餅，又給他在高級餐廳找到工作，可以去不同的地方做糕餅。一個人暫時無理想、無方向，也不是問題呀。對弟弟，或者其他做普通工作的同學來説，創意書院就是一段好開心、好好玩的日子囉。」

四　學藝術，然後呢？

藝術家「蛙王」郭孟浩說：「藝術即生活、生活即藝術」，書院學生要能達到這個境界卻不容易，尤其面對家庭與社會的壓力。畢業生阿Lo自覺平凡，訪問一開始便說：「我跟別人不同的地方是，我沒有技能。」他直言在創意書院讀得不開心。但正因為他懷疑和掙扎，所以很認真思考過書院的教育有何意義、自己所走的道路是對是錯。

戲迷男生

阿Lo是創意書院的第一屆學生，自小成績差，除了幼稚園考過一百分，從小學到創意書院，中英數都不合格。他很記得那唯一的一百分：「我曾經以為自己是有問題的，但我考過一百分，應該沒有問題呀？我的人生就威過這麼一次，然後由小學到中學總共留班四次。」中三時因為成績太差，阿Lo一度被列入離校名單，老師明言「你再讀下去都無意思」，建議他轉校，最終成績勉強過關。

「家人很擔心，好想迫我讀完中五。」阿Lo說父親有很多根深柢固的觀念：「我細細個就經常講，要讀大學呀，搵份工著西裝、涼冷氣，他在高級餐廳工作，階級觀念很重。又說做人最緊要有朋友，別人玩什麼，你不喜歡都要玩，要跟人交際。他相信睇波可以識朋友，就要我去睇波，還非常物質主義，又要威、要做大男人。」

但父親的期望偏偏都跟阿Lo個性相違。他不喜歡讀書，不習慣主動識新朋友，也討厭足球，可是他會跟著父親扭曲自己，朋友喜歡踢足球，唯有跟著去。阿Lo真正喜歡的是看電影：「由小一開始就愛看電影，每星期都會買三隻VCD。那時好多疑惑，什麼是朋友呢？出來唱K飲酒、稱兄道弟，講到自己有乜乜背景那些是朋友嗎？我很不喜歡那種男仔的世界，總是互相嘲笑和炫耀，『你踢波咁屎架！』，『我溝到阿邊個就威呢！』」

遙不可及的夢

成績墊底，與人相處時又無法坦誠，令阿Lo很不喜歡學校。中四時母親發現了創意書院，見CPOP課程有教阿Lo喜歡的電影，拉著他報名轉校，阿Lo不情不願的：「很討厭讀書，好辛苦，尤其中三無學校肯收。我對將來也沒什麼打算，有電影讀又怎樣呢？我知道自己不會讀得上大學，做電影的人好多都是學院畢業吧，我哪有機會？」

電影行內很多不同崗位，在CPOP老師的幫忙下，歷來書院也有一些同學沒讀大學就入行。但阿Lo並沒有找老師討論他對前景的憂慮，「我在書院時的妒忌心比以前在傳統學校還重，我都希望慢慢改善這缺點，書院裡叻人實在太多了，永遠被讚賞的都是那些好有藝術才華、或者讀到書的同學，我覺得他們都不會理我啦。」種種負面情緒下，阿Lo始終沒法與同學建立穩定可靠的友情，常遊移於不同的朋友圈之間，惹來是非：「啊你背叛我們！」有時又忙於談戀愛，處理關係裡的各種煩惱，在書院期間都沒怎麼認真讀書。

阿Lo現在回看，當時是負能量太重，想法偏激，也未能清楚電影和藝術是什麼。「以前見到一個偶像，想成為跟他一樣的人，才會去接觸那範疇的東西。譬如我想做電影，如果我能夠跟人說我是一個『電影人』，我拍緊電影，這樣的身份就可以令我有安全感。」但那時阿Lo覺得自己跟那些「電影人」的差距遙不可及，看不到有成為他們的可能。那種心態恰好就像曾德平所言，學生若誤解了做創作一定要做「全職藝術家」，又看不到現實可行的途徑，很容易喪失對藝術的熱情和信任。

阿Lo還是真心愛看電影，會站在電影院門口看兩小時預告片。「很久以前就有這個習慣，就算約了朋友，也會特地預早去看，看夠了才去逛街。」中五那年，蝙蝠俠《黑暗騎士》（The Dark Knight）上映，「超鍾意，我入戲院看了十二次！」他慣常去觀塘APM商場的百老匯戲院，旁邊有書店Kubrick分店，兼賣電影海報及文創產品，他買了好多蝙蝠俠海報和精品，與店員混熟了，就問他們會否請人。「我等了一年。我考了兩次會考，兩次都只有視藝科合格，考完第二次後Kubrick終於有空缺，可以上班。」兼職三年後才轉成全職，再做兩年升任店長。

畢業初期，阿Lo不很適應職場生活：「書院教我們認識社會，會去參與遊行，知道更多香港正在發生的事，世界不是二元對立、黑白二分，會多一點思考。但跟外界接軌是衝突的，人們不一定這樣想事情。」Kubrick跟百老匯戲院開在一起，尤其油麻地分店，很有文藝氣息，他又讀創意書院，就被身邊朋友套上「文藝人」的標籤。「戲院那邊的同事常常會揶揄：『嘩你地好有style！』、『你地真係好特別呀！』」後來阿Lo參與電影製作、也在公餘時畫畫，轉回兼職，戲院的同事說：

「好有夢想啊，不用搵食啦！」

「好奇怪，明明大家的薪水差不多。社會的人對藝術眼光好奇怪，做地盤反而正經，做任何行業都正經，只有藝術，嘩你咁高深？就要踩低你。」阿 Lo 也有跟一些舊校的朋友聯絡，他們去了做健身教練、做地產、上大陸工作，月入數萬元，「就來教訓我，為什麼在 Kubrick 這種小舖做店員？好心去搵錢啦、買基金啦！講到反面。有次我回創意書院分享，說畢業之後沒法跟那些做地產、搵好多錢的人做朋友，他們會說：搞這些幹嗎？畫畫有什麼用？」

重拾創作

但身邊還是有支持他的人。Kubrick 售賣本地設計師的精品手作和書畫，阿 Lo 平日處理入貨補貨，經常跟這些設計師和創作人聯絡，像 Graphic Airlines、Start From Zero、門小雷等，熟稔了開始替他們做一些兼職工作，又認識更多創作和媒體的朋友。「可能因為書院教識我一些事情，所以我可以跟他們溝通吧。」在朋友的創作氣氛影響下，阿Lo重拾畫筆，開始試玩街頭藝術：「在那個圈子裡覺得很開心很舒服，不會計較誰比誰厲害，這班同期出道的人好齊心，總是互相幫忙，你無工做我又介紹給你。這種氛圍我以前是未接觸過的，令我性格變返正面少少。」

朋友提議辦展覽，阿Lo沒信心，拉了兩個朋友一起聯展，但也拖了半年。「突然有日說已經幫我book了時間，兩個月後，『夠啦，做啦！』我就唯有衝囉，Kubrick的同事都好好，常叫我早點放工返去畫畫，等睇你的展覽，好感動。」那次聯展在上環太平山街舉行，很多人來看，阿Lo第一次體會努力付出和創作所帶來的滿足感。「好嚴重的，覺得好像帶來生命呀，覺得自己終於有用了、不是在浪費時間。」及後陸續有朋友找他畫插畫，合作出版繪本刊物、擺展覽，於是前年開始阿Lo在書店從全職轉為兼職，希望騰出多些時間創作，也拍了一些短片和動畫。

未完的學習

期間阿Lo經歷了個人生活的衝擊，對藝術的理解開始改變：他的父母離婚了，但因為沒有錢搬走，仍一起居住。兩人之間的爭拗、對阿Lo衝口而出的一些說話，都令阿Lo情緒非常低落。後來又有兩個認識的朋友離世，「不算很熟，有個是剛認識，第二日就走了。這麼年輕，好突然。」阿Lo開始反思生命是什麼。

他發覺自己不想成為大人，尤其是像他父親那樣的大人：「打份普普通通的工，幾十年，不再思考、不再理社會，佔領運動那段時間，他都是要和諧那類：『細路仔不要咁多意見啦！』但你連關心我的能力也沒有，放假就無目的地消費，買了什麼都不知道。他買了《龍珠》的公仔，我說：『嘩，新的劇場版啊！』他說：『是嗎？不是舊的嗎？是旦啦。』他喜歡英雄片，只是覺得好型，我跟他講蝙蝠俠故事裡的意思，他都沒興趣理。原來工作、消費、勞動會令到一個人變成這樣，我不想成為他。我要努力做作品，問多一點、了解自己多一點。」

「不其然回頭望，才發覺創意書院的老師有多好、有多善良，跟我阿爸、跟外面那些大人有幾大分別。書院老師好溫暖：馬仔（CPOP 電影科老師、獨立導演馬智恆）叫我幫他做美指，我說我不懂、無做過，他說『不懂就學嘛』，不計什麼身份，大家一齊做。從他們身上感覺到，你不是孤獨的。」在學時期的阿 Lo 沒自信，又想像老師會看不起他。但畢業後師生之間仍有聯絡，有些老師會到 Kubrick 探他，阿 Lo 擺展覽會去看，阿 Lo 與女朋友分手也是打電話給書院的老師傾訴。「讀書那兩年很短，反而畢業後好多同學都會跟老師聯絡，有困難時問他們意見，繼續從他們身上學習。」即使在 Facebook 看老師怎樣評論新的電影、怎樣看社會時事，都令阿 Lo 有所得著。他覺得書院老師有一份對世界的關懷、對別人的同理心：「譬如恐襲新聞，為什麼這些人會成為恐怖份子？是否他們的國家被殖民了？西藏人為什麼自焚？我阿爸會話：『這些人就偏激啦！』但書院的老師說人們被壓迫、沒能力下才用身體反抗。書院令你對世界多了的反思，學到一些做人的價值。」

阿 Lo 也漸漸發現，以往自己對拍電影的理解錯了。在學時期老師常介紹大師作品，阿Lo覺得要做到這樣才是拍電影，所以會刻意模仿：「當時那些作品完全不好看，跟自己沒關係，但出來社會做事後，認識了不同的人，發生了一些令我崩潰的家庭問題，我再去做作品，用創作去關心自己、跟別人溝通，出來的效果很不同。」創作成為他思考問題、表達個人情感的方法，他甚至很想透過作品去說服父母，讓他們了解世界有另一面。「每次我畫完畫、拍了片，都會send給他們看。之前拍了一套動畫講死亡的，阿媽看了之後說：『咦，你講緊阿姨？』阿姨上一年也過身了，她讀到我的意思。」但父親就始終不屑，「其實關係有改善一點，最少他不那麼覺得你游手好閒吧。在他眼中，做藝術的要不是乞食、就是叼著口煙鬱鬱不得志地畫畫，所以不贊成我去做。但他會說，你夠不夠錢呀？不夠錢就問我啦。」

在生活裡實踐

現在阿Lo除了在Kubrick兼職，也在一家會所做宴會服務員。他怕自己全職工作便不會再創作，但兩份兼職也令他極勞累，半年前拍完一段短片就沒再做作品了。

在餐飲業工作過後，阿Lo比從前明白父親的處境：「這行每天勞力工作十二小時，根本不可能思考，只有吃飯時看到的TVB新聞了解社會，回家只能呼呼大睡，放假連街也不想出，出街就付錢買快樂。當初讀完創意書院，好像知多了好多、視野好闊，但其實我們的世界好細。當那些戲院同事覺得我們古怪時，我們的圈子也當出面的人好古怪啦。我們看不到別人的世界是怎樣的，沒真的踩進去了解他們為什麼會這樣想。他們有些說話也不是出於惡意吧，只不過他們真的不知道你讀完藝術有什麼可以做。」

「如果我沒入過創意書院，我連這些問題也不會問。」阿Lo說：「藝術是令人辛苦的，會令你問好多問題，看完一套電影，好亂，就要靜一靜。做作品時會見到更多自身的缺點，並不是一種享受，但這個過程裡，你的價值會愈來愈多，活得更加實在。好似我阿爸，勞動了這麼多年，就算身體受傷了，那些成果都是屬於公司。但創作是我自己的。賺錢買喜歡的 figure，放久了也就沒感覺，但作品會繼續延伸，還有機會感動別人。」

正因為生活不容易，更需要藝術去對抗世間的粗糙與冷漠無感。現在阿 Lo 覺得藝術也未必是拍電影、畫畫。他說起同屆的書院同學阿帥，是他心目中的藝術家。阿帥畢業後去了幾個國家旅行和工作，在不同的餐廳做廚師。「前陣子他在 Facebook 寫了一篇帖文，說師傅寫的餐牌，字很細小，但那間餐廳好多老人光顧，阿帥將字擦了再寫得大隻一點，於是老人終於看到了。我覺得這也是一種藝術。就算你做廚師、做金融，也有些事情可以讓你找到自己，做完你覺得好實在。我常常覺得做人沒什麼意義的，但你還在做人的時候，就在裡面砌一點東西出來吧。」

五　搭建新出路

馮美華最初對教育的想像很純粹：希望學生真正地學習，不是為考試而讀書，而是學習成為更完整的人，有自己的人生方向，對社會有反思和關懷，然後透過藝術創作修養自身、回應世界。在設計課程時，她考慮的是要達到這些目標，學生須具備怎樣的知識基礎？怎樣引起他們的學習興趣？至於升學就業，「有去想，但不會因此而動搖我辦這間學校時的意識形態。」馮美華說：「因為我真的見到學生讀完後有成長。」

「我們將學生從以往好專制的環境裡解放出來，但解放後不懂自律，都是失敗。有些人有得著，就可以繼續走下去，在書院只要你肯學、有上進心，個個人都願意幫你。他未必可以立即升讀大學，可是留在原本的學校可能更加沒機會，連最後三年高中都很不快樂地度過，被人當『籮底橙』，甚至踢出校。我們這裡反而令到他覺得要讀大學、想再讀書。問題是程度未夠，於是他自己要想想，怎樣可以讀得到？」

「創意書院不是天堂，我們只是希望有一個正常的、學生應該要有的環境。外面是扭曲的環境，於是就說他們不適應——什麼是適應？去做那些『務實』的人就好好嗎？」她認為香港無論大專教育和職場都問題處處，學生有態度、有菱角，出去必然會碰釘：「最重要是教識他面對問題。面對問題一定是不開心的，我遇到問題都很不開心，但要懂得自己去處理。他們已經長大，入來時十五歲，畢業時十八歲，便要面對這世界了。」

碰壁的幾年

前助理校長嚴惠英指出：育人為先、升學就業為後，除了是教育理念的問題，也是因應現實限制。創校早年書院收很多學生，知識根底或心理狀態都未準備好投入學習，遑論準備升學就業。「當時老師的共識是先幫學生的生活重回正軌，然後找回學習的動力和興趣，讓學生有一些人生方向，再之後他們才可以讀書、升學、找到工作。」

CPOP課程主要是藝術啟蒙階段，並非設計成職業培訓課程。「在我們原初的想像裡，學生就算一畢業就入行，都會是一些基層崗位，或者學徒式的就業，仍然需要經過專業訓練才可以在行業裡發揮到角色，所以我們一直都覺得升學很重要，甚至是必須的。」嚴惠英說。

眼見學生的考試表現與升學門檻相距甚遠，兜兜轉轉五、六年才能完成大學學位，校方一直希望幫學生縮短升學歷程。他們曾經跟幾間大專院校商議，希望建立較正式的合作計劃，讓創作上優秀的學生可豁免公開試成績入讀。「浸大、中大、理大、HKDI都有傾過，但政府資助的院校不太可能，因為決定資助金額時，會考慮學系的收生成績。所以好多院校寧願收一些成績好好，視藝科五星星的學生，就算創作力只是一般。」

「另一方面浸會大學其實有額外收一些我們的學生，他們有機制：面試時未知文憑試成績，但教授好想收一個學生，就會給一千分，滿分是一百分，一千分代表無論考試成績如何都會收，不過這有限額，要一再討論。」

香港藝術學院（Hong Kong Art School）是私立的，書院本以為較容易談，希望爭取讓文憑試不夠五科二級的學生豁免基礎文憑、直接讀高級文憑。「但傾了幾次都沒成事，他們說中英文太難補救了，學生如果讀基礎文憑時中英文不合格，也不可以升高級文憑。我們是明白的。」

書院努力為學生安排實習。校董會成員本身是文藝團體的領袖，可以提供一些就業機會；馮美華有人脈網絡，CPOP 導師是業內人士，會提拔有潛質的學生。「主要都是靠大家的關係去找，也不是很有系統，大學會有一個專責部門去處理 internship 的事，但我們只是兼著做。那時我負責 CPOP，就由我找比較熟的老師和團體問問，有些好心的老師也會主動找你：『有這樣機會，你有學生想試嗎？』」

嚴惠英坦言：「在我工作的期間，學生如果無法升學，都是自己找出路，這是我們遇到較多的挫折。」

CPOP 變文憑

花了數年，仍未能向大專院校爭取到額外的收生豁免，校方開始考慮將 CPOP 發展成與 DSE 同級（資歷架構第三級）的文憑課程，向學術及職業資歷評審局申請正式學歷認證。期望學生讀完這校本課程後，可以繞過公開試的關卡，直接升讀屬資歷架構第四級的高級文憑和副學士。

CPOP 課程曾經歷兩次重大調整，第一次是二零零九年新高中轉制時：在舊制時代只有成功升讀中六的學生才有機會專修一科，中四至中五依次修讀四科，扣除假期後，每科只有九星期上課時間；不少早年的畢業生會覺得課程不夠深入全面。轉至新高中後，所有學生都在書院裡讀三年，於是中四是體驗階段，全修四科；中五專修一科，並將課時由每星期五小時增至八小時。

CPOP老師在早期以短期兼職形式聘請，雖然不乏業界知名人士，但人選經常轉變，每個老師的教法和專長也頗大差異。轉制至新高中後，學校開始聘請每科一個全職統籌，負責整理課程框架、訂定教學要求，與兼職老師及其他科目協調，確保學生得到一些較紮實的基礎概念和技能。

第二次調整就是創校第八年，校方落實CPOP要變成文憑課程，增加了世界藝術簡史、香港電影發展史、文藝賞析及研究方法等學習單元。經過一整年的籌備與審批程序，終獲得資歷架構第三級認證，並改名為「創意藝術文憑」（Diploma in Creative Arts），在二零一四至一五年度開始實行。學生中四那年同時修讀DSE傳統學科及校本文憑的科目，讓他們先有全面體驗；升讀中五時可選擇繼續進行雙軌學習，或只修讀「創意藝術文憑」，不應考公開試，靠作品集爭取升學或就業。

雖然有認證，但實際升學仍然繞不開公開試成績，負責統籌創意藝術文憑的副校長劉天明解釋，當初想得簡單，以為讀完資歷架構第三級的課程便可升到第四級的高級文憑和副學士，但實際這些學位的入學條件一定要文憑試考獲五科二級，有第三級資歷認證亦不能相抵。「那我們是否要將這文憑變成等同五科二級呢？這就會變成像『毅進計劃』，會被人認為是讀書不成就去讀的課程，但其實不是。」目前校方仍是需要逐間大專院校、逐個學系去商討，希望可以用創意藝術文憑的學歷銜接升讀高級文憑。

獲得第三級資歷認證亦有實質價值，當辦學團體獲認可開辦第三級課程，便有資格再申辦第四級。校董會成員胡恩威説，他們正構思開辦自己的高級文憑課程，讓創意書院畢業生可直接升讀，「可能我們再安排一些公司讓他們實習，或者課程本身是半實習，一年實習一年上學的，就看我們有多少學生願意參與這件事吧。事實證明，我們收到的學生一定不是考那些試的學生。好多做藝術的人，考試都考得好差，那我們怎樣將 CPOP 那邊發展得再好一點？」他認為目前學生去台灣升學是一個好選擇，中國大陸都有很好的藝術學校，學生沒必要將視野局限在香港和文憑試。

校監黃英琦說，目前學校DSE及創意藝術文憑雙軌並行，希望將選擇權交給學生，自行決定要不要去考文憑試，令教與學的目標更清晰。「單軌和雙軌的學習態度很不同。如果他選擇雙軌要考試，我們就幫他考試，教答題技巧、應試訓練；學生自己也要明白，決定去玩這個『遊戲』便要付出努力。但如果他決定不考試，覺得沒意思，或者知道自己不會考到，那就只讀校本文憑。我們就要給他創作的空間，日夜創作，做到好好的portfolio出來，足以報讀台灣的藝術大學。這兩條路都很清晰，而且是現實可行的。」

創意藝術文憑推出後踏入第三個學年，過往兩屆只有極少數學生選擇單軌、不應考文憑試，主要原因是家長不放心完全放棄公開考試，學生亦下不了決心。有些老師覺得「既然學生說要考，我沒有權因為他成績差就不讓他考的。」亦有一些觀念更傳統的老師，覺得考了始終是保障：「五科二級又不是很難，你加把勁就行。」

現況是大部份學生最後留在雙軌的制度，並非想考試，但不夠勇氣面對家庭或社會壓力，一方面繼續上傳統學科課堂，一方面又不願意努力讀書做功課，「最後死死地氣去考DSE，然後全部科目考得一級、或者U。」黃英琦說。

黃英琦認為目前學校管理層能做的，是盡力加強在大專院校推廣創意藝術文憑，增加認受程度。「當學生可以直入高級文憑，便是成功了。」她希望家長和學生見到前途有明確保證，會更有安全感去選擇另一條路：「考試這個選擇，對大部份人來說根本不是選擇，我覺得大家要面對現實的。我們過去十年裡，一直被公開考試拉扯著，同學讀得不好，學科老師很掙扎，又因為學生無心上課而不開心，大量的資源和課時都耗在DSE，怎能繼續如此？」

「始終這間學校會出現，就因為想提供不一樣的教育選擇，有選擇的自由、有教育的自由。」黃英琦說：「如果一個考試本身是著重紙筆的，我們確實有一半學生不會考到。要尊重這一群擅長右腦的學生，不是給他更多無力感。如果我們一百個學生裡，只有二十個可能考到、有十個是邊緣的，那我們就為這三十個學生操練考試。其他七十人不是不用學中英數，但可以像『文藝青年』那樣學：讀多點文學作品、學創意寫作；英文可以學口語，學識溝通；數學要學生活裡用到的運算，起碼懂得寫 budget 將來申請藝發局資助。」

「我最不希望見到的是學生不喜歡考試，學習就此停頓了。世界在轉變，將來一些沒什麼創意的工作都會被機械人取代，我們還有什麼必要標籤人有沒有讀大學？最緊要學生找到自己可以發揮的地方，有滿足感、有成就感，當他覺得自己不夠料子，自然會再去尋找。現在又沒限一定要十八至廿一歲時讀大學，二十八歲再讀也行，一邊做事一邊讀也行。學習的機會那麼多，學生還有很多可能性的。」

第六章　小牛棚：學習再思

一 擺脱考試後

完全拋開考試，讓學生追尋更有意義的學習，這想法在書院早年已經萌芽。踏入創校第三年，在馮美華支持下，幾位理念相近的老師在書院加開了名為「小牛棚」的特別班。班裡學生不應考公開試，也不跟隨主流高中課程，而是按照學生的興趣和程度，度身訂造一套學習計劃。

歷年來的小牛棚裡，有喜歡音樂的學生專注玩音樂，畢業後成為獨立創作人；喜歡烹飪的學生嘗試做糕餅，現已創辦自己的糕餅生意；有男生唯一興趣是打籃球，於是做體育老師的助手，試著以運動教練為學習目標；也有學生讀寫障礙，在小牛棚裡發現對木工的興趣，後來成為電影道具師。

在競逐成績以外，學習和生活還有無數可能。

實驗之初

根據最初向校董會提交的計劃書，小牛棚的定位是為學術上未能應付會考課程、但對藝術文化有熱誠、有天份的學生，提供另類教育和發展機會。而計劃的首要目標，是幫助學生從被動的學習者、轉變為自主的人。學習模式著重學生自定題目的專題研習或創作，亦撥出每周一天外出考察，讓知識學習與真實的世界有所扣連。

第一屆小牛棚老師由李以進（Joao）和蔡芷筠（Ger）擔任，招收了十個中四新生、加上原本在校的五個中五學生，共十五位同學。學生阿齋笑言，當時頗有做「白老鼠」的感覺：「Joao 開頭都講明是一個實驗，想試試不經公開試的制度，我們可否繼續生存呢？可否做到另一些事情出來？」他喜歡畫畫，但因為讀寫障礙，學科成績滿江紅，見有這樣一個特別班，懷著好奇轉校來試試。

阿春則是開學一個月後才加入，他有讀寫障礙，會考得兩分，重讀中五後某天的英文課，如常地聽得一頭霧水，忽然想：「又過一個月了，即是不夠一年之後，我又要面對會考。以我現在的程度，哪有可能？」阿春說：「我發現再繼續坐在那裡發呆，只會浪費時間。於是就去找May Fung，說不考了，考不到，考多一次都無意義。May說：『那落小牛棚啦。』」

小牛棚公約

因為不必應付公開考試，整個課程內容都可以改變；但要決定應該學什麼，首先便要釐清學習的意義。一開學，李以進和蔡芷筠便和學生討論這幾個問題：

- 為何要學習？
- 你在什麼情況下學習得最好？
- 有什麼會阻礙你學習？
- 別人怎樣支援你的學習？

第一屆小牛棚都是對藝術文化或社會時事有興趣，但過去在學科成績差的學生，師生傾談後立下《小牛棚公約》，強調「學習可以慢、但不可以停」，其次是「在真實的世界中學習」、「開放自己，多與人分享交流」、「過健康的生活」。

師生一同修訂時間表：每天早上有一小時做運動、讀新聞及日記分享。有特定內容的課堂約佔每周一半時間，包括中英文、邏輯思考、文化、繪畫、電影放映和CPOP，一個下午外出考察。餘下的三分一時間是自由的「Studio Time」，讓同學進行自己的專題研習或創作。

為配合這樣的上課安排，課室佈局也改變：一邊是上課區，有沙發、白板、投影機，便於播放電影和交流討論；另一邊是師生們的工作間，桌椅不是正常班房那樣一排排，而是有點像迷宮般的長蛇型，大家坐著時不會面對面或背對背，但會望到別人的側面，老師也和同學們坐在一起。這樣的佈局，既可望到彼此，又不至於被人直視；桌椅之間有一堆畫架，喜歡畫畫的同學常常聚在這裡。「我稱之為一個『竇』，大家在個『竇』裡面一齊做事、一齊生活。」阿齋說。

觸礁了

人們或以為擺脫考試的規限，大家就可實踐理想中的教育。但蔡芷筠形容，開學沒多久他們便遭遇「滑鐵盧」，有學生甚至羨慕起其他「考試班」的同學來。

小牛棚的學習重點是同學自己的專題研習，蔡芷筠和李以進與同學逐個面談，問他們對哪些事情有興趣、有什麼題目想研究或創作。「好快就發現，要自己負責一個 project，對他們來說太難。即使他們對某些事物有興趣，還未可以好成熟、整體地進行一個學習計劃。」李以進說。「譬如 Tiffany，她是乖乖女來的。你叫她上堂她就上堂，她不太有自己的想法，沒什麼信心去做事。所以我們好難要求她選擇自己要做什麼。」蔡芷筠說。

另一些同學個性很強、或者不太懂得與人溝通相處。「有女生好嘈好嘈，嘈到你會申請工傷那種，不只是心理上、是 physically 你會覺得辛苦的。」李以進說起來猶有餘悸：「她上堂不是不專心，但就要你注視她。每次要她做某一件事時，她都會去做，那些事加起來卻不太砌得成為一個 project。她自己會車衫、會帶一些進行中的作品回來，寫文章又寫得幾好。但做一陣停一陣，好快就去跟其他同學搭訕、大聲叫。」

有男生天馬行空，一時會說自己「未有反思力量而不想分享」，一時提出「人算什麼？人的角色？」這類空洞的研究題目。另一個男生則活在暗黑的二次元世界。「他在網絡上找到一些好似好勁、好有型的 style，然後就把自己弄得好神秘、封閉在那個世界裡面。他拍的短片是有點風格的。但我們無論教他什麼，他都會覺得自己已經知得最多了，有種鄙視的態度。上堂就不斷發出『嗯嗯嗯』的聲響來騷擾你。」李以進說：「你想像一下，一個好嘈，一個不斷嗯嗯嗯，還有個常常不上學的。這樣的環境下，好難推進。」

空虛得可怕

另一方面，同學們也不太適應新的學習模式。小牛棚原本期望學生成為主動學習的人，故課堂重視討論，減少單向的講授。很多時是老師提問，想學生談自己的看法。但有些同學卻會批評蔡芷筠和李以進不斷發問，「總是把責任放在學生身上」，認為沒有教過任何東西。在他們心目中，上課就是老師講、學生聽的模式，「他們不覺得學習是自己的事，想你餵給他。」李以進說。

佔三分一課時的 Studio Time，原意是讓學生做自己的 project，沒指定他們一定要做什麼，對一些同學來說更無所適從。有學生說，最初來到小牛棚「自由到不知怎算好。Studio 時間沒事想做，出了班房外跟人聊天都沒人會找你。」另一個學生亦說：「在小牛棚，不自律真是死得。Studio 時間見到別人玩 Facebook 或者看漫畫，覺得很無謂。如果為看而看，在燒時間，那比 hea 更差。每日都 hea 的話不如留在家。其他班的老師會趕你，不用那麼自律，但會有怨氣。如果你慣了被人趕，或者喜歡這樣就 ok。」

在伴隨自由而來的空虛感下，有同學提出「上面起碼知道要考試！」（小牛棚班房在學校地面層，其他班在上層），也有同學說想轉回考試班。不用考會考、也不再被迫上填鴨式課堂，一時間好像失去了目標。

李以進認為，若要學生成為真正自主的人，經歷這個「自由到不知怎算好」的過程是必須的：「公開試其實是一個假的答案，令你不需要去想有無目標的問題，就算明明成績差好遠，你都會等考完試才去想將來。」

後來接任小牛棚老師的曾宇霆，亦不時遇到學生「自由」之後反而想回去考試的掙扎。他觀察到同學不是真的想讀書考試，而是有考試、有密集的課程可以給他們安全感：「在普通班他可以扮上堂、扮溫書，跟大家都差不多，就可以繼續胡混落去。」但拿走考試和課程後，學生便如置身曠野之中，被迫要思考自己的目標和方向。小牛棚老師需要花更多時間與學生溝通，拆解這種不安全感，並幫助學生發掘自己真正有動力去做的事情。

蔡芷筠和李以進決定改變方針，不再要學生額外構思一個 project，而是加強 CPOP 科目的創作。每個 CPOP 科目本身都有 project 形式的習作，普通班同學只能在課餘時間做、也要兼顧學業和考試，但小牛棚同學則可以用 Studio Time 繼續創作。李以進和蔡芷筠本身亦熟悉藝術，會跟他們商討，提議他們看什麼書和電影，吸收文化養份，協助完善創作構想，對部份能力較高的同學，則鼓勵他們在原本 CPOP 要求以外再做多些的作品，以準備更豐富的作品集幫助將來升學找工作。

李以進說：「經常反覆提醒他們的理念是，既然你們沒經過會考，更加需要有自己的東西。如果無 portfolio 的話，就沒什麼可以代表你了。我們在這樣的環境下去找一條新路，不是兩個老師開了班出來就有路、你就去行啦。這條路本身還未存在，要一齊去尋找。畢業時你要向世界證明，我這樣奇奇怪怪，但我有自己的內容可以站得穩。」

隨時間過去，蔡芷筠和李以進慢慢摸熟同學的性格，找到方法溝通，同學之間混熟了，大家的學習和創作動力也有好轉。有人見同學勤力作畫，自己也跟著畫素描。有個男生原本「hea」得連同學都看不過眼，後來逐漸從自己喜歡的動漫入手，創作漫畫故事，也學習使用 Photoshop，想把故事內容製成不同類型的產品。

比較主動的同學，在小牛棚的日子就如魚得水，阿齋就很享受那種有生活感的學習方式：「現在回想，所有都是好愉快的經歷。那時有兩個同學是好專注畫畫的，我有時一齊畫，也會做點木工，那年的產量特別多。小牛棚的空間會令你覺得不需要太多顧慮就可以創作。我不會說當時的作品質素非常好，但大家都有進步。」那些年校內 CPOP 科目的創作獎，很多都被小牛棚同學包攬。

阿春亦說，讀小牛棚那年，是他人生最勤力的時候：「那段時間我很開心，不停地日畫夜畫，簡簡單單的一種抒發，好集中、好享受畫畫的過程。」小牛棚特別重視討論，無論什麼課堂，導師都要求大家表達想法，畫了畫也會一起討論評賞。「那年沒學到什麼好厲害的技巧，而是學習把做完的東西拿出來讓人看，面對別人的劣評或者好評。現在回想，這個過程好重要。」阿春說當時不少同學都怕表達意見：「我自己也是，自信不夠吧。但慢慢發現，原來大家這樣討論、分享一些自己的故事和經歷，也是一種學習。」

各有發展

蔡芷筠記得，幾個畫畫的男生都是讀寫障礙，原本很怕看書：「真是一隻字都不願看，一見到書本就渾身不自在。但因為他們很喜歡畫畫，發覺內容有點空洞，我就用一些有趣的方法去講藝術史。我們試過辯論什麼是『後現代』，盡量揀些最淺的文章，逐句逐句解。他們開始知道讀書可以解答一些問題：為什麼莫奈是這樣畫呢？這兩個畫家的分別在哪？Joao（李以進）很喜歡跟他們說：『不用怕那些字跳出來咬你的！』慢慢讓他們試讀，重建他們對學習的信任。」後來阿春甚至由基礎文憑讀起，花了五年完成藝術學士課程。雖然非常辛苦，但課程要求交過千字的英文論文，他也靠同學幫忙翻譯並勉力完成了。「因為真的想再學多些、再做得好一些。」阿春說。

而原本拿不定志向的同學，部份也在小牛棚裡發掘到真正的興趣。那時他們經常外出看展覽、到不同社區考察。「有次帶他們行書店，想買些書回去看。有個女生就看中一本講化妝的書，好貴的，但我見她好像很喜歡，就買了。後來她說想試試學化妝，現在真的成為化妝師。」蔡芷筠說：「化妝不是她原本定下的學習目標，但有時就因為小牛棚有個空間，他們自己試著試著就找到了。」

那屆的五個中五學生，在經歷一年小牛棚生活後畢業，各自確立了發展方向。一個去學化妝，一個去了台灣跟原住民學織布，阿春和另一個同學報讀了香港藝術學院，喜歡動漫的男生則到了日本升學。

踏入第二年，小牛棚又遇上另一場考驗。

註：從事學術研究的老師潘宇軒，曾在創校第四年為第一屆小牛棚的狀況撰寫研究報告，本篇部份學生心聲摘錄自該報告裡的學生訪問。

二

為自己而學？

小牛棚創立時，校董會只是同意進行為期兩年的試驗。到了第一年尾，李以進和蔡芷筠仍未收到可以續辦的消息，便沒再招新生。第一年的五個中五學生畢業、兩個中四學生決定轉往考試班，三個學生中途離校，只剩下五人繼續在小牛棚升讀中五。出於資源考慮，五個學生沒法安排兩位老師，校方便安排小牛棚與另一班不參與會考的中五學生合併。

這班學生中四時都是經政府中央派位制度而來。由於創校初年收生困難，書院曾參與中央派位，接收在其他學校讀完中三後要離校的學生。他們未必對藝術文化有興趣，部份人填派位志願時甚至沒選創意書院。當時學校把這批同學集中在一班，老師曾宇霆是班主任。他記得，班裡有學生不懂寫廿六個英文字母，部份人因為情緒或家庭問題，身心狀態亦並不理想。

蔡芷筠對其中一個同學很深印象：「他自細父母有病，沒有能力照顧，所以是不懂擤鼻涕的。而且家境不好，常常吃杯麵，於是生濕疹；皮膚不好，於是又交不到朋友，好無自信心。這些問題總是一連串地來。」另一位同學則連走路也走得不太好，「他不是身體殘缺，我們的體育老師觀察他走路的姿勢，說應該是學行的時候沒照顧好，所以大腿肌肉發育不全。」李以進說：「所以他們的需要其實好基本，是將由幼稚園開始沒做到的事情做返好，教他擤鼻涕、學生字、學識跟人講電話時能順暢的表達自己。」

並非每個同學的狀況都如此極端，有幾個男生常結伴打籃球，溝通和交際能力都沒問題。另外兩個女生對藝術創作有興趣，只是個性極度內向文靜，共通點是各人的學科成績都落後太多。中四的時候，曾宇霆便知道會考對於他們是不可能的任務，也擔心繼續下去，他們畢業後會找不到工作。於是中四下半年，他便將這一班轉型，不教會考課程，專心訓練他們的基礎能力，預備投身社會或修讀各種技職文憑。「要說服他們的家長，承認子女考不到公開試、要轉讀一個不同的班，好高難度。有些父母死命不肯，就轉了校。」最終，留下來升讀中五、並與小牛棚合併的學生共有八人。

被動的學習者

雖然兩班同學都不考會考，背景和需求卻有頗大差別。原有的小牛棚同學對藝術有興趣，也已經習慣了多看作品、創作和討論的學習模式。新加入的同學則需要在個人成長上加以幫助。離小牛棚結束、學生畢業只有一年時間，李以進和蔡芷筠要兼顧兩種不同的學習需要，非常困難。

第二年開學的時候，李以進和蔡芷筠依舊先跟學生討論：大家想學什麼？時間表希望怎樣編排？新同學反而更像一種家長式的口吻、以「社會」要求為重：譬如說「中英文是人人基本要識的」、「要識用電腦找工作」，或者比較空泛地說「想各方面都有進步」、「認識社會時事」等。另一方面，他們則提出要有「睡覺堂」和「做自己嘢」的時間；亦有人以興趣為依歸，提議各種球類活動、畫畫和做手工。李以進從討論中感覺到，雖然已經不會參加公開試，但他們仍覺得學習是別人要求的、加諸他們身上的責任，而不屬於「自己嘢」。興趣與學習對他們來說是截然二分的，並未有為興趣而學習、或者為達到自己的目標而學習的觀念。

討論到班房佈局時更叫人哭笑不得。第一年兩位老師都是坐在同學們中間、與大家共同生活的。但今年讓同學設計班房時，大部份新同學的設計裡都沒有預留給老師的位置。當他們提出這一點時，同學們有的笑說要將他們放到最偏遠的角落、甚至班房之外；有的則把老師當成「監督者」，放在可以觀察班房全景的地方，方便看管同學。就像他們對「學習」的二分法一樣，老師在他們心目中就是權威的象徵，而他們只在逃避或接受之間二擇其一。

由於同學們對學習沒太多新想像，李以進和蔡芷筠決定大致沿用第一年的上課模式，先觀察同學反應。授課內容的程度有所調節，英文堂教授日常生活用語，中文亦以日常會接觸到的文字為主，漫畫、電影都是教材。跟第一年一樣有藝術創作課、社會文化課、日記分享、外出考察等，另外增加了兩節體育堂。Studio Time 則因為同學的主動性太低，故將其中一半改為「功課時間」。

結果無論是哪一科、哪個老師的課堂，就算已經選一些較貼近他們興趣的題目，譬如考察不同地區的遊戲機中心、分析黃子華棟篤笑等，那群好動的男生總會把一切有意義的討論「爛 gag 化」，或者像胡亂答 IQ 題一樣隨便給出直接的反應，不願認真思考。另一些較內向的同學則只是乖乖坐著，不怎麼表達意見，即使聽不明白也不會提問。大部份同學都不會累積所學到的東西，好像把課上完就完成了責任；這堂課明白了的、下一堂又忘記。上課要用的物品和筆記，即使老師多番提醒，仍總是忘記帶齊。

李以進覺得，他們彷彿在消費老師的努力，作某種無意識的抵抗。他在小牛棚第二年的總結報告裡如此寫道：「這階段最明顯的問題，是同學沒有明確地反抗課堂，反而含糊地以『爛*gag*』、持續遺忘等方式，抵消『認真』和『意義』。如果他們能明確地拒絕上課、講出不欲上課的理由，例如學科內容和自己無關或程度太高等，我們都可以著手解決。但他們一方面認定責任無可避免而表面上選擇了（例如中英文科），一方面又以逃避責任為樂……當我們說與其如此，不如放棄『為別人做的事』，而認真做好『為自己做的事』時，他們又會因害怕負起真正的責任而不敢想像。」

逼問目標

如是者過了一個月。十月中，兩位老師決定變陣，不再抽空問他們想學什麼、有什麼興趣，而是問工作和就業上的興趣、或他們覺得至少能勝任什麼工作，然後因應這志願分組學習。「我們說，小牛棚做完今年就結束，你無論如何都要畢業了，別想著可以再留班。那你打算畢業後去做什麼呢？」李以進說：「我們逐個同學去傾，其實是逼問他們，因為好多人都沒什麼想做。他們超級無自信，好驚一切的事情。」有同學甚至因為不欲談這話題而逃跑，要把他捉回課室。

當時學生阿駱對自己的興趣完全沒頭緒，經過多次逼迫，才說自己想做「食家」。李以進問：「是否像蔡瀾那樣呢？蔡瀾要寫字的啊，要講食物，要對其他地方的文化有認識。」但阿駱說：「我不喜歡寫，也不太喜歡講說話，只是想食。」

四個男生喜歡體育運動，但難以成為職業運動員，其中一個喜歡打詠春、懂得空手道；一個喜歡籃球，李以進和蔡芷筠就要他們以做教練為職業目標，再加上另一個男生想考紀律部隊，也需要練體能，這體育組，由體育老師陳上城帶著學習，負責校內籃球隊的老師曾宇霆亦有幫忙。

學生 Tiffany 想造蛋糕、阿成說想開茶餐廳，加上想做「食家」的阿駱，被分為餐飲組，由擅長煮食的 CPOP 電影科老師馬智恆指導。另外三個女生喜歡畫畫，她們組成視覺藝術組，跟隨在書院任教的藝術家何倩彤和鄧國騫學習，以升讀藝術課程為目標。

餘下四個同學因興趣各異難以歸類，便由李以進和蔡芷筠個別跟進。「無論如何，我們都會要他們定一個好具體的目標，之後再循著那方向幫他想，可以怎樣達成，好過讓他們無止境地應付課堂。」蔡芷筠說。

球場上的成長

分組之後，四位體育組男生的學習情況顯著改善，每星期兩堂學習當教練所需的知識，包括運動生理學，如何安排課堂內容、時間控制、跟學員的溝通方法。他們會在小牛棚原有的兩節運動課上，試教自己擅長的運動如空手道、詠春、籃球等，然後全部同學一起檢討「教學」的優劣；Studio Time 還會跟隨陳上城到其他班做助教，帶領同學做體能練習。「那年我在球場的時間，真的多過在課室。」學生朝杰到現在仍津津樂道。

朝杰本來學習態度十分散漫，兩位老師都束手無策。他亦自言沉迷打機：「一對著電腦，魔力就大到飛起，飯也不吃，不知不覺就到第二日。」在學校除了體育堂最精神外，其他課堂都在等時間過。「那時都覺得世界好灰。」他當空手道只是興趣，沒有太認真鍛練：「回到家裡就『攤屍』，坐也坐不直。但小牛棚那年日日跑，日日練波。水城（陳上城）教我們訓練的方法，我才懂得著重身體，知多點自己的身體構造。」

李以進説朝杰做體育堂助教表現細心、積極，與課室裡的他判若兩人：「我們多了機會從他的優點著手去溝通。當他在運動科開始教得不錯，自我形象也改善了，甚至能帶起其他同學的練習氣氛。」其餘三位體育組男生亦在擔任助教的過程中提升自信，改善人際溝通技巧。

李以進相信分組有更好效果，原因之一是將學習變得具體：教詠春的學生阿奇因為聲線太低，沒法讓全班同學聽見，於是要練習説話技巧；教籃球的阿珩個性積極，但思慮欠周詳穩重，不擅於課堂設計，便要學習改善。為了完成任務，「當教練」有關的知識和做人態度都要學習，而非限於某個抽空的課程範圍。

分組之後，同學也確立了專業上的身份，例如廚師、運動教練、藝術創作人，每組的老師在該領域有豐富知識和經驗，同學較易找到身份認同，甚至不其然觀察和模仿老師的做人處事。「阿珩就試過教同學打籃球時，擺出跟阿宇（曾宇霆）一模一樣的架式，連說話語氣都變得有三分像！」李以進說，他們還會主動找陳上城和曾宇霆問有關運動和生物學的問題，比較願意接受他們的意見。

但李以進也觀察到，體育組男生在與人互動時，譬如做助教、依教練指令練習等，才有學習動力。老師訂下的體能操練計劃，需要在課餘時間獨自完成，就難以自律，要一再督促才肯練習。最終他們的畢業要求，是由陳上城考核體能、運動知識和教練水準，四位體育組男生均合格，畢業後，報讀跟自己興趣相關的毅進課程。

視藝組的運作相對簡單，書院藝術師資非常充足，小牛棚原本亦設有藝術課。對藝術興趣不大的學生去了其他組，視藝組的同學就能更集中學習。學生清梅覺得在小牛棚不用上學科課堂，可以有更多時間畫畫：「那年在技巧上進步了很多，因為日日練。擺畢業展的時候，中四時跟我們一起選修視藝的同學見到我們的畫，都很驚訝，説我們好大進步。」她與同組的泳兒是好朋友，兩人都非常文靜，全班一起討論，總是靜靜坐著，老師都覺得比較難了解她們的想法和狀態。但分組後她們的作品增加，師生多了溝通，當關係密切了，兩人也更願意參與全班的討論。一年後，她們儲了豐富的作品集，順利升讀香港藝術學院。

餐飲組對李以進和蔡芷筠最困難，這不是書院熟悉的範疇，也沒資源外聘烹飪老師。書院沒有家政科，在校內騰出地方建立小廚房都張羅了好一陣子。

小牛棚創立前馮美華曾提出職業導向、學徒式訓練的構想，希望按學生的興趣找適合的師傅，在實作中學習，畢業後可直接跟師傅入行，但書院資源和老師的人脈網絡都集中在藝術文化行業。「假設只有一位同學想做時裝設計師，我們沒人懂得裁紙樣，亦難外聘老師教。」李以進坦言把同學粗略分為三組，已是能夠應付的極限。餐飲組幸好有 CPOP 的電影老師馬智恆擅長煮食，請他每周抽兩節來教同學基本的煮食技巧，校內有活動或節日時，馬智恆也會帶著餐飲組同學一起提供小食，當作實習，小牛棚其他同學也會攜手幫忙。平日李以進和蔡芷筠則找文章、紀錄片、食評、參考書藉，增加同學認識飲食文化。

焗不完的蛋糕

餐飲組的困難主要是自行練習環節，尤其阿成、阿駱算不上對煮食有發自內心的熱情，阿駱是被逼迫下必須交出一個答案才說想做「食家」；開茶餐廳原來是阿成媽媽的願望，而不是他本人的意思。兩人跟著老師學時有板有眼，但 Studio Time 要自行練習便沒有動力，而且煮出來的食物要自己吃掉，同一道菜常常吃，反失去動力改善烹調技術。最後兩人憑天份，總算通過畢業考核，阿駱報讀了與餐飲有關的毅進課程，阿成認真思考後改變志願，報讀了明愛白英奇專業學校的設計課程。

餐飲組裡第三位同學 Tiffany 則明確想學做蛋糕，並希望可以變成職業。她的個性相對乖和勤力，沒人監督也會不斷練習，然而自學能力有限，老師定下的畢業要求是連續五次做出成功的蛋糕，但她常常成功三、四次便失敗一次，於是又要重新計算。

「好恐怖呀……搞了好久，做了超過二十次。」Tiffany 受訪時憶述：「現在學識了就覺得不難，主要是蛋白打得不夠好。有些食譜說全蛋一齊打，我發覺分開蛋白蛋黃會容易一點，可是原來還有好多條件：蛋白不可以污糟，煲裡不可以有別的東西、要打得挺身。溫度也要懂得調校，我以為跟著食譜寫的溫度放進去就行，原來每個焗爐的溫度都不同，要試幾次。我又『論盡』，就算有些地方已做得好好，但一個環節做錯了，就會失敗。」

Tiffany 多番失敗，亦因為乏人指點。Studio Time 練習時，老師馬智恒剛好有課，要放學後才能試吃和給意見，Tiffany 常常不太知道是哪個環節出錯。「我只見到蛋糕的質感和外觀有問題，譬如一焗起就塌了，但怎樣才可以不再發生呢？要自己找答案，就比較難。」

最終 Tiffany 未能在畢業前達到連續五次成功的目標，但老師見她已進步很多，也算熟手，就給她合格。畢業後她報讀西廚學院的課程，後來在網上接單為客人訂製蛋糕和曲奇禮盒，去年初更租了一個工廈單位，正式開設自己的糕餅小店。

重建自信

其餘四位同學，當中三人的興趣分別是劇場表演、舞蹈和寫作，都能在校內找到相關老師跟進；餘下一個男生則始終說不出任何職業上的興趣，但他是巴士迷，極愛砌巴士模型，就找了校內的設計與科技老師嘗試教他工藝技巧。然而他們 Studio Time 要各自學習，沒有同輩陪伴，比其他同學更難堅持。

而這四位同學恰巧都因童年時家庭疏忽照顧，身心狀況不太理想。

老師主要花心力去補足基礎能力：想做劇場表演的男生，身體平衡和說話咬字都有待改善，老師要他練習朗讀報紙。擅長舞蹈的男生由於弱聽，小時亦沒有適當的助聽器，說話和識字能力都發展遲緩，沒辦法表達自己，老師便由生字教起，補習中文。巴士迷男生曾經受欺凌，極度缺乏自信和安全感，當時老師的任務是讓他重新融入群體，找回與人溝通的信心，學習面對生活中遇到的困難和壓力。

小牛棚也有很多全班共同學習的時間：每朝早上有日記分享，要學生習慣表達自己的想法；安排大量生活體驗的機會。「每星期都看好多電影，一起去好多地方，又跟他們一起打籃球。」蔡芷筠說：「可能他們在以前的教育體系下曾經受傷，對於老師的安排會好抗拒。我最記得初初帶他們去看展覽，他們看都未看就說不喜歡。你要真的跟他們一齊生活一段時間，他信任了你，才會開放少少去聽你講。」

走出課室，轉換生活的場景，也能製造機會讓學生找到自己的長處。「有個男生本來好頹廢，但有次帶全班去菜園村耕田，原來他家裡有種植物的，於是他到田裡就好像變了一個小專家，可以教大家怎樣淋菜。」每次外出時，巴士迷男生也會分享他對交通路線的知識。當學生有機會在群體裡表現出自己的專長、找到安全的位置，動力和自信都會有所改善。蔡芷筠說：「開頭我們以為讓學生揀自己喜歡做的事，就可以幫到他學習。但能夠在這年紀就『疊埋心水』追尋某樣興趣的人好少，更首要的是找方法處理和身邊人的關係，要有自在的環境，才能開始學習。」

喜歡寫作的女生因為經濟原因需要打工，提早畢業；喜歡舞蹈和劇場的兩位同學順利完成自己的畢業表演，報讀了IVE和基礎文憑課程。巴士迷男生也鼓起勇氣嘗試求職，雖在畢業前未找到工作，但自信心和溝通能力都有改善。

三

自主學習的探索

假如創意書院是一場教育實驗，小牛棚就是這場實驗當中走得最前、最徹底的嘗試，完全脱離主流教育制度。但無論是小牛棚，還是整體的創意書院，都面對相近的問題：「另類教育」到底是什麼？大家對現行的體制很多批判，希望拿走不滿的部份，但實質上何謂理想的教育，這想像空間是開放的。

李以進在小牛棚第二年的報告裡曾記下：「對學生來說，但凡他們不滿主流教育的，例如欠缺人身自由、內容嚴肅等，他們就會隱然定義為『另類教育』應該要釋放；對校方來說，主流教育達不到的，例如自主學習、反思能力等，我們就一股腦兒認為『另類教育』應該全部達到。的確，『另類』一詞能開闊大家對教育的想像，但過於開放、空洞的定義，甚麼都好像有可能，卻可做成各方期望的落差、距離，令溝通更加混亂，影響實質運作。」

人人想像不同、定義不同，繼而發現期望與現實不符，運作和溝通都面臨各種困難。以小牛棚為例，第一年目標尚算清晰，對象必須是對藝術文化有熱誠、有天份的學生，需要另類的學習方法，收生嚴謹，正式開班前參與的老師亦經過長時間討論和協商。但第二年小牛棚開始被當作「非考試班」接收各種不適合考試的同學，這些同學的背景和需求差異甚大，老師勉強用分組形式處理，但亦難兼顧所有人。

總結小牛棚首兩年的經驗，李以進和蔡芷筠都對「自主學習」重新理解，大家不滿意公開考試的壓力和制肘，希望可以自主學習，讓學生自由選擇要學什麼。但這對學生來說卻非常困難：並不是學生對一個範疇有興趣、便有能力自主學習；亦不是讓學生自主、便會找到學習的興趣和動力。小牛棚設計了大量自由時間，如果學生完全沒有自己想做想學的事，對學生和老師都是一場災難。

小牛棚部份學生最後仍要有畢業考試，才有目標學習，但這考試是按每個同學的程度釐定不同合格標準，考核範圍餘了分組學習的內容外（例如連續五次做出成功的蛋糕），也包括中英文、個人成長等項目，並由老師與同學逐一商議和修改，考核前大家更認真投入溫習，全班同學一起衝刺。兩位老師覺得「自主」應是一個學習的目標，而非過程中就要完全自主。「那時我們要學生讀錯一隻字就全篇文重新讀過，默書又是默錯一句就全部默過，做蛋糕做不到又再重新做過，要達到純熟的程度。」蔡芷筠說：「自主只是在於我們讓他選擇要做什麼。選了之後，我們就好多要求，真是好逼迫他們的。但這是一個有內容的逼迫，不是純粹逼你好乖、聽話就可以。」

身份危機

另一個需要處理的課題是，部份學生加入小牛棚後，感到不安，尤其第一年小牛棚班房獨處學校地面層一間特別室裡，較難與其他班的同學混熟。當時有學生覺得被普通班同學當作異類：「上課模式、名字、位置樣樣都怪。」

蔡芷筠說一開始做了不少功夫拆解。譬如在九月的文化堂以「自我/他者」為討論課題，帶出「小牛棚的同學在社會上也是一個他者」，讓學生學習面對。有同學想返回考試班，十月中便開展「臥底計劃」，讓學生到「正常班房」觀察別人的上課模式。後來大家合力做了一幅很大的班旗，還把別人對小牛棚的標籤、以及同學們的自我標籤都寫上去，包括「古怪」、「騎呢」、「實驗型白老鼠」、「不玩社會遊戲」等。「其實是教他們怎樣去反標籤，能夠坦然面對：『我們就是這樣的了！』」蔡芷筠說：「那支旗是每逢班際比賽、頒獎禮的時候用，他們好多人都有得獎，我們就拿著這面旗衝出去。我們班最嘈吵，可能因為有我在煽動，後來其他班好像倒過來有點羨慕我們的氣氛。」

更大的不安，是不再參加公開考試，學生憂慮前途。朝杰提到畢業後因為沒考會考，常遇到尷尬情況：「報殺進的時候，他要你填資歷，我剔了中五學歷，但沒寫會考幾多分。最記得那個禮堂好大，那人拿著我張 form 好大聲問：『咦，你會考幾多分呀？』我說我沒考，他又好大聲話『無考？』我覺得好瘀呀。之後去應徵任何工作，填每份表格，我讀過中五但無會考，人家都會問。我就話『係呀，讀書不成，不想考』。有時入職後都會聽到些閒言閒語。雖然Ger（蔡芷筠）和Joao（李以進）覺得件事好『型』：『為什麼我們不能朝著自己的目標和理想去邁進呢？一定要玩考試這個遊戲？』可是你去找工作，很難這樣跟老闆講，出到去就是功利的。」

另一個同學讀小牛棚期間兼職打工，也遇到同事質疑「考會考才有前途的！」令他十分灰心，學習動力也大降，老師們知道後數次嘗試開解他，他甚至哭起來，只說不想再思考這個問題。

學生如何面對社會，關鍵在於是否有明確目標。清梅對藝術真正有興趣，相比起留在傳統課堂，她覺得練畫反而感覺踏實：「因為知道報會考也沒用，可能一分都考不到，那畫多點畫，起碼不用浪費時間。體育組那群男同學都講過，話你們就好啦，起碼知道讀完會入Art School，我們不知做什麼好。其實我也擔心的，讀完 Art School 之後怎樣呢？後來覺得入了再算啦。」

師生曾經坦誠討論，蔡芷筠說：「將來一定會有人質疑你們，為什麼無考會考？你唯一能證明自己的，就是你有一些新的、自己好專長的東西，用你的創作去證明自己。」

現實是，不是每個學生都能在短短一年內建立到屬於自己的專長，書院近年推出的創意藝術文憑，便希望讓學生即使不參與公開試，也得到主流制度裡的學歷認受。若這文憑能進而與高級文憑銜接，學生便有真正可見的下一步。

老師耗盡心力

小牛棚的老師相對書院其他考試班，要花費極大能量去處理，也要與學生在生活上建立密切連繫才能找到位置入手。蔡芷筠坦言：「好辛苦，因為你承受緊好多學生的苦，那時我夜晚常常發惡夢，夢見我在課室裡鬧他們。因為日頭不可以鬧，你鬧他便是走回頭路了。」

創校第四年完結後，小牛棚曾一度停辦。唯校內持續有不適應傳統課堂的學生，故半年後復開。但愈到後期，小牛棚愈被視為關顧有學習障礙及情緒問題學生的場所。創校第八年接手小牛棚的老師曾宇霆，帶點迷茫地形容當時的處境：「好像要做人父母似的，和學生近得過份。」他說起有學生自小沒在同一個家庭逗留多過三年，亦曾受暴力對待，極度不安：「幫他處理那些創傷，是要好近距離、甚至動用體力，因為他情緒爆發會變回像個小朋友，你說什麼也不聽，要走，在地上打滾，那你可以怎樣？唯有用身體夾著他。對於這些學生來說，他由細到大沒經歷過無條件的愛，所以要你證明你是關心他的，不斷要證明。同時你又是老師，需要讓他知道，你有要求，想他做好些。但你提出時又不能刺痛到他，不然他會否定一切。」

過往若有其他老師要把「處理不到」的學生轉過來，蔡芷筠和李以進會堅決拒絕，因為每次迎接新學生都要花大概半年才能建立較穩定的關係，但曾宇霆有時不忍心，擔心如果小牛棚也不收，同學便無處可去。曾宇霆的小牛棚，人數慢慢加到近二十人，雖然他個別都能溝通，但全班一起根本無法上課：「他們最大鑊是完全不能群體生活，連坐在一起上課也不行，會情緒失控、發脾氣、或者不上學。有些同學永遠沒法完成一件作品，一開始做便會自我否定，見旁邊的人畫得靚，就會躲起來。」

舊生Kensa那時已經畢業，但仍常常回校跟一位老師學書法，見到曾宇霆在小牛棚裡做到面無人色，學生又完全失控，便自發幫忙擔任助教，帶一些學生畫畫、做手藝，處理他們爆發的情緒；有時學生鬧自殺，要陪伴到夜深。

「其實覺得很不忍心。」Kensa說：「曾經小牛棚是大家最尊崇的，去實驗創意書院最終極想試的東西，給他們最多的資源，亦都有一些好好的同學出到來。但現在的氣氛卻淪落到這樣。我們想找老師來支援中英文堂，也沒有老師願意來，要他們自己去別人班sit堂，很難。當大家都想將最有問題的學生轉到我們處，無得做。」

創校第九年創意藝術文憑推出，為學生提供公開試以外的完整課程，校方明確不會再辦小牛棚，等學生全部畢業便結束。曾宇霆表示同意：「繼續這個形式的小牛棚，我都有保留。我不覺得我們做的事無意義，或多或少都對同學的成長有點幫助。但我實在太無 reference 了，每一下都靠自己判斷，像賭博一樣，試試這樣做，同學會怎樣呢？會不會好一些呢？如果有好多社工、心理學家支援，我好願意做，但沒這些資源我沒信心。但我覺得香港都沒什麼人專長在這方面，太少人 care 這類學生了。」

校監黃英琦亦説，結束小牛棚是出於資源和學校定位的考慮：「我從一個最高負責人的角度去想，要考慮資源的運用，怎樣對每一個學生負責任。因為十幾個學生面對兩個全職老師，每個學生的資源和成本都比一般學生高好多。他們不是藝術上特別『標青』，而是一些學習障礙。創意書院不可能收留所有不容於主流教育制度下的學生。我們希望在文化藝術創意產業各個領域給年青人有多元出路。但如果有些同學，不是對這方面特別有興趣，我覺得社會上應該要有更多另類學校讓他們選擇。應要有另一間『小牛書院』的，不考試，但給學生更完整的中學教育，可能去學耕田、學煮食，是一種生活上的教育。我覺得會有存在價值。」

讀書會取代課堂

小牛棚結束，但老師曾宇霆連同幾位老師再次籌組新的教學試驗，定名為「自主學習計劃」，今個學年正式推行。

新計劃與小牛棚的共通點都是拋開主流課程，讓學生有更多空餘時間嘗試自主學習。但對象卻很不同，「小牛棚在我接手後是多了SEN（特殊學習需要）的學生，一般學習模式他們無法適應，有更多成長上的需要。」曾宇霆說：「但自主學習計劃是為一批更ready學習的、甚至是幾叻的學生度身訂造，希望發展另一些上課模式，可以更強調知識、或者深入鑽研技巧。」

計劃源於CPOP電影科老師馬智恆與五、六個喜歡電影的同學相熟，會在課餘時一起行山，在校內煮晚飯吃，曾宇霆也不時參與。在飯聚聊天之間，時常會把同學的討論引導到更深入和哲理的方向。「譬如討論鏡入面的自己是不是真的？桌椅有沒有靈魂呢？」馬智恆說：「學生也喜歡講一些信仰問題，平時上課沒什麼機會傾的。有一晚就談到他們的世界觀、所相信的終極真理是怎樣的。到討論不下去，就開始印某些書的篇章，讀了可以再討論。」讀書會後來固定為每周一天，通常聊到晚上十一時，也逐漸吸引了其他同學參加。

同學們享受這種從閱讀和討論中學習的氣氛，認為小組討論比大班上課更有效果，一些讀書組同學在日間走堂，埋首於讀書會的書裡。曾宇霆和馬智恆開始思考，怎樣讓讀書會變成常規，讓學生平時都可以這樣學習？

「我們覺得上課時間表把學生的每天割裂成很多個片段，沒有空間靜下來深入去學一個課題。不如把時間表精簡，不要學那麼多科。」兩人構思的學習計劃，上午是閱讀討論課，擴闊知識、訓練思維和表達能力；下午是老師帶領的藝術課和CPOP，培養創意和藝術觸覺。吸收小牛棚的經驗，大部份課堂都有老師編定的內容，每天只有一至兩節自由時間。

「自主學習計劃」雖然抽走傳統課程，但不否定公開考試。馬智恆說：「我們相信學生肯看書，有閱讀能力，又能夠把讀過的東西寫出來，已經可以考試。」一些同學本身成績不差，參與自主學習計劃後，亦打算自行溫習並報考文憑試。

計劃在二零一六年正式實行，招收了二十個學生。運作半年後，老師初步歸納最大的問題仍是『老問題』：拆走傳統課程後，不再有密集課業和進度，如何維持學生的動力？儘管今次這批已是學習動機和能力較高的學生，要他們僅靠自己意志力善用時間，仍然很困難。

兩位班主任之一的吳詠雪分析：「晚間讀書會為何好好？因為是課後每周一次。改為星期一至五、全日的上課時間，學生本身專注力不足、自我管理能力不足的問題，也會在這班裡呈現。而且這些學生不滿一般課堂，很珍惜課後的活動，現在我們變成他們要反叛的對象了！他們又開始說：為什麼指定要看這本書？我喜歡看第二本啊。」

太少框架，學生欠缺動力；更多框架和要求，學生又會反抗，但吳詠雪見到年輕人在這樣的矛盾當中，開始面對自己，思考其實自己想學什麼？所謂的興趣是否真的興趣？時間是空出來了，如何認真投入做好一件事？

「自主學習計劃」尚在初創階段，怎樣學習自主、怎樣自主地學習，老師在其中的角色要如何拿捏，師生們將繼續在實踐當中尋找答案。

第七章　十年之後

一　老師不易

創意書院的老師團隊包括教育以及不同的職業背景，傳統教育學院出身的反而是少數。除了藝術創作人，管理層也喜歡聘請曾在傳媒機構、文化、學術界、非政府組織以至商界工作的人來做老師。除了全職的學科老師，同時有大量兼職老師，一邊教書、一邊發展自己的創作或副業。好處是讓學生擁有多元化的學習經驗和楷模；但對老師的團隊經營來說，眾人的生活經驗、價值觀以至教育理念都很多元，又有一批兼職老師並非時常在校，要共同合作、凝聚共識，殊不容易。

書院老師以至管理層都不約而同指出：書院最棘手的一環，並不是學生，而是老師。校方給老師很大自由度，但如何處理同事之間的分歧、老師的個人想法如何配合書院的整體理念，創校十年來一直是困擾的問題。

減薪逐夢

開校之初，不少教育界人士都懷著滿腔熱誠與憧憬而來，尤其曾任教視覺藝術、音樂、設計與應用科技的老師。這些科目在傳統學校不受重視，選修人數少，資源亦有限，創意書院作為第一間打正旗號推行藝術教育的高中學校，令人期望來到這裡有更大發展空間。不少學科老師亦提及，過往在舊校催谷考試成績的壓力很大，每年公開試放榜，全校老師開會，合格率稍低即被質問，要寫報告解釋；甚至有學校把各老師的合格率貼在教員室比拼，課程設計最重要是應試操練。部份老師不惜減薪轉到創意書院，期待不同的教學方式與師生關係。

陳偉倫是最早參與書院籌備工作的老師之一，當時已有十一年資歷，在中學當視藝科主任和訓導主任。從政府津貼學校轉到直資學校需要一番割捨：津校老師的薪酬按著薪級表逐年跳升，前景安穩，退休公積金亦非常優厚，他解釋：「若做滿十五年，政府每月幫你供款的金額便達月薪一成半，還保證每年有百分之五利息收入，所以很多老師教了十年以上就不會離開津校體系。很少人會像我選擇離開，但創意書院都有幾個這樣同事，因為見到創校團隊好想做一間不一樣的學校，無論校服、校規、老師的工作模式，都有很多空間可以改變，我自己也將很多想法和理想投放在裡面。」

現任校長謝國駿當年仍是個初出茅廬的年輕教師，他還記得轉校的過程就像一場冒險：「二零零六年決定借用臨時校舍開校，聘請第一批老師時，合約是由四月至八月底的。講明如果學校收到學生、能成功開辦，就會簽第二份合約。亦即是如果開不成，我們幾個月後便要失業了。」校監黃英琦回看當初，仍感念這群開校時的夥伴：「你可以想像，如果是墨守成規的人，怎會去應徵一間連校舍都未有的學校？這批老師，都是希望對自己、對教學有點突破的，大家都有種願意創新的意識。」

適應之難

滿懷理想地來到，現實是困難重重。開校初時學生混亂失序，即使往後幾年局面已穩，但老師在教學上仍面對很大挑戰，學生以往的教育經驗深受挫敗，對中英數等主要科目都非常抗拒。對比起來，CPOP課程不用考試，教授的內容又是全新的領域，學生通常更願意投入；教授傳統學科的老師要格外花心力，才能喚起學生的興趣。

幾乎每位新老師加入書院，都有一段痛苦的適應過程。

在創校中期入職的視藝科老師楊靜本已頗有資歷，轉來書院後才發現累積多年的教學材料，沒一樣可以再用得上。「這裡除了視藝科負責藝術教育外，學生在學校生活的不同場合裡，都有機會接觸藝術，眼界好闊。你要吸引到他們注意、課堂要有新鮮感，很不容易，要用好多時間重新備課。」學生一無興趣便會走堂，班房冷清地只剩三、四人，令老師非常挫敗。

書院期望創新，然而在教學研究上對老師支援不多，主要靠老師自己探索。馮美華提倡薈藝教育和跨科整合，她也坦然承認沒有給老師足夠資源。尤其學生最抗拒的英文和數學科，課堂要能順利進行都不易，還要嘗試融會藝術素材，壓力甚大，歷年來，這兩科老師的流失率特別高。

教過傳統學校的老師，尤其難適應書院的文化和價值觀。楊靜說：「好多以前學校覺得理所當然的事情，來到這裡也不再如此。」她很記得剛來書院，有學生上課時跟她說：「我待會要帶隻龜去看醫生。」楊靜以為他開玩笑，故作鎮定地問：「你怎麼知道隻龜有病呢？」學生說：「牠的動作好慢呀。」楊靜心想：「龜不是一向都慢的嗎？」但學生說已經問准班主任，楊靜便讓他離開。小息時，楊靜去找時任副校長的謝國駿，想問他遇到類似情況應如何處理，「沒想到他正忙著想辦法轉帳給那學生，因為學生到了診所不夠錢，然後 Eno（助理校長嚴惠英）又走過來商量，大家一齊救龜！成件事實在不可思議。」

楊靜這才發現香港一般學校「很簡單」：「上堂就上堂；有什麼事，跟訓導組講吧；發生了什麼，就打電話給家長，全部都定好一套應對方式。但書院希望尊重每個學生的獨特性，沒有劃一的界線幾時准、幾時不准，這很難適應。我覺得合理的，要靠對個別學生的認識去判斷准不准、或者要開放到哪個位；可是放鬆了一個學生，對整班的同學會有什麼影響呢？這些判斷怎樣做？就要像一套功夫那樣練回來。」

老師勞累

書院依靠老師的身教來樹立模範，處理每個學生問題都要溝通，老師會有一種「情緒勞累」：書院的師生關係非常接近，教員室全天候開放讓學生進入，老師空堂或午飯時也有學生在旁聊天、問功課；學生放學想留校創作，部份老師也會陪著到夜深。就算老師自願，長期下來，亦影響家庭生活或作息平衡。

學生成長問題帶來的負面情緒，同時影響老師。吳詠雪有年當班主任，班裡剛巧集合了很多有情緒問題的同學：「好多悲慘的故事，家暴、性侵犯、有個年紀輕輕就患癌，停了幾年學。個個都比我艱難好多，原來我的生命好平凡。部份同學會透過創作排解情緒，但有些會用相對『害人害己』的方式爆發出來。那一年我要花好多心力處理，有些問題又未能夠解決，沒有『仙丹』一了百了，可能偶爾好一點，然後又轉差。我陪他們經歷了一段日子，也有無力感：我去探訪他、跟他聊天，究竟有沒有意義呢？」

班主任要了解學生，同時又要負上一些行政責任，譬如為出席率把關，左右為難。老師馮世權舉例說：「本來家長信要在缺席後的三日內交，收不到就要當曠課。但學生又來求你：『只是遲了點，通融一下嘛。』你不收，學生會怪你：『這麼小事都不幫我，枉我什麼心事都跟你講。』」他直言老師也是人，有時與學生溝通不順、付出關懷但學生不領情，自己也會感到沮喪。

比較的壓力

當課堂教學和師生相處的負擔都吃重，再提新嘗試，很多老師都本能地抗拒。老師李以進憶述踏入創校第二、三年，同事之間已有種抗拒改變的情緒：「一提些比較激進的改革，有些老師就立即黑面：『又搞這些？』大家都好累，總之一切改動都覺得不好。」

老師的壓力和恐懼也多次令改革提案觸礁。譬如早年曾多次討論把課程改為學分選修制，讓學生自主選課、修夠學分就畢業，部份老師很擔心：如果我的課沒人選，怎麼辦？後來李以進、陳上城等提議仿傚外國另類學校的 studio base 模式，老師以一人一間課室作為「homeroom」，學生每堂到指定老師的房裡上課。好處是老師的教學資源都在手邊、也可按個人教學風格佈置環境；學生課餘到老師房裡聚腳，增加師生相處和學習的機會。然而建議一出，很多老師反對，擔心影響工作，同事溝通不便等等，最後只有一小撮老師試行，翌年更因群體壓力而終止。

李以進說當時表面理由是不夠課室分給每位老師，但實情是大部份老師並不接受這建議。「homeroom 的概念是把老師視為提供學習資源的人，每間房有一位資源豐富的人在裡面，學生按自己興趣去不同的房間，大家合作做些事出來，學習不止限於課堂。但如果老師本身不夠 resourceful，會很擔心的。若非我自己有份構思，而是由一個比我 resourceful 十倍的人提出，可能我都會好驚，因為我也不是真的有好多學習資源可以攞出來。」他坦言書院同事難免互相比較，學生不時論斷哪些老師「有料到」，較平凡的老師往往不受尊重。

書院自創校起便將班主任稱為「mentor」，期望老師能像大學的「師友計劃」一樣，就學生的升學就業、人生發展給予意見。但班主任由全職的學科老師擔任，學生的興趣卻多在藝術創作方面，學科老師大多沒有足夠能力給意見，遑論像 CPOP 老師那樣在藝術界有人脈可為學生鋪路。曾經主管 CPOP 課程的前助理校長嚴惠英說：「學科老師即使知道香港有哪些院校可以讀，但對每間學院的分別和特性、哪一間最適合某個學生，未必有能力分辨。我們熟悉藝術文化，會知道那些學生應該入讀什麼學校什麼課程，某學生的潛質在電影還是設計……學科老師負責做這判斷就會好困難。」

漸行漸遠？

書院老師之間不乏分歧，核心理念如自主、自由、創意、多元——這些詞彙都可以有很多不同解讀，每位老師的界線也不同，具體實踐如學生上課時能否進食，已是爭拗多年。

創校之初老師爭論學生能否進教員室亦很激烈，有老師逕自貼大字報在教員室門口禁止學生進入，另一些支持學生進入的老師，又貼更大的大字報覆蓋。老師陳偉倫坦言：「書院期望破舊立新，每一樣主流在做的事都想打破，全部都打破後，每一樣都要從頭傾起。書院鼓勵多元、鼓勵不同，個個老師都真的想法不同，再加上學生也有不同想法，於是好多衝突。」

創校首半年校長葉建源尚未到任，校監黃英琦日日到校主持大局，與創意教育總監馮美華、十幾位老師一起開會。黃英琦說：「每天都一大籮問題，又沒有前人的經驗，什麼事都大家圍埋一圈傾，想到方法就即刻分工、即刻去做。因為出面有二百個學生要處理，學生五湖四海的，二百個都咁得人驚，老師之間就算有什麼不合拍，都會先放下。」

當時，老師心情彷彿是「無得再輸」，死馬當作活馬醫，有什麼點子，黃英琦和馮美華都很鼓勵大家嘗試，整個團隊與管理層之間很平等，鼓勵老師主動、合作、實驗新方法，有爭拗也會在開會時坦白解決。

然而往後每年增加一屆學生，老師團隊的規模隨之急速膨脹，由十數人增加到四、五十人。開會時大家都表達看法，會議便非常冗長，幾十人之間也不易達到共識，一些老師開始覺得提出異議亦沒共識，寧願不要爭拗、快快散會。慢慢地，老師不常開全體會議，由開校頭幾個月每天開會，變成每周一次，再漸減至隔周一次。

為了令決策更有效率，增加了科統籌、校長團隊（校長、兩位副校長、兩位助理校長共五人）等層級，各有小組會議；CPOP 則有主理 CPOP 課程的副校長與 CPOP 導師另外開會；資訊和決策過程的透明度減弱，團隊協作和歸屬感亦受影響。

老師團隊尤其明顯地分成傳統學科老師，以及 CPOP 老師兩個群體，雙方的教學方針和關注點很不一樣。部份 CPOP 老師覺得，學生反正考不到試，何不讓他們花更多時間做好創作去台灣升學？學科老師始終要負責課程和考試，擔心學生看輕傳統學科，上課態度散漫。CPOP 老師也非鼓勵學生懶惰無紀律，但大家的尺度和優次判斷都很不同，而 CPOP 老師除了四位科統籌之外，其他人都是兼職，與學科老師交流不多，較難溝通縮窄分歧。

副校長陳婉芬說：「我真的好懷念第一年，雖然開會開到夜晚十一點，但沒有人走，大家都好一心一意去傾，有什麼不同意，堅持要傾到有共識為止，出到去就一齊做，對學生是口徑一致的。但現在的問題是，有些老師不認同又不出聲。

我寧願你在會上跟我拍枱鬧交，或者到最後都傾不成，就別做好了。但他們卻不提出，暗地裡就對學生說：『唉，不關我事的，是學校決定。』然後繼續做自己那一套。真的好無意思。最令人乏力就是這樣，我一個人又改變不到這種氣氛。」

這是書院其中最關鍵的問題：一直難以聘請到一位能整合分歧的校長，可以有清晰的指引，能夠協調爭議。

二　領導很難

聘任校長，一直都是創意書院的難題。黃英琦形容成立創意書院，是一場藝術界與教育界的「跨越」：「這兩者之間是火星撞地球的。整間學校的文化、大家所講的語言、作風，都與其他學校很不一樣。我們多次公開招聘，來應徵的中學校長，我想像不到他們帶領書院，他們會把這裡變回一間強權的學校，沒法跳出框框。在我看來，領導這間學校的人，一定要認識藝術、同時也認識教育制度，對學生有包容和胸襟，對同事有感召力，可以令大家一起工作。」

在校董會心目中，一間藝術高中最理想應由藝術文化界的人帶領。馮美華由籌備階段便開始領導創校團隊，但直資學校有公帑資助，政府要求校長須由修畢校長課程並領有「校長資格認證」的人才能擔任，馮美華沒這些資歷，只能擔任創意教育總監和副校監。

在創校籌備期間，黃英琦經多方介紹下曾經聘請一位來自傳統中學的校長，但正式開校前不久，他跟其他團隊成員始終理念不合，鬧翻了。

遲來的校長

現任立法會議員葉建源當時任職教育學院講師，是黃英琦另一位心水人選。葉建源在學時期曾參與學生運動，關心政治和民主發展，除了當中學教師外，也曾從事出版和社區工作，在教育界中相對開明。

當很多主流中學的校長對開辦創意書院大潑冷水時，葉建源對這間強調改革和創新的學校卻滿有期待，亦幫忙設計課程。開學前黃英琦找他接任校長，他很快答應了，但教育學院的離職通知期長，要等到開校半年後才能到任。

錯過了這頭半年，影響不輕。那段時間老師團體為處理失控的學生，可說是處於戰爭狀態，天天開會，已建立了一套共同語言和默契，師生關係非常密切，因經常討論學生個案，連校監黃英琦也對每個學生的背景和個性瞭如指掌。

「我入到去時，好像是突然來到的陌生人。每個人都好熟，我要慢慢認識他們。在最初的一段時間，基本上都在適應：整個課程、教學方式、時間表的編排、老師的聘用，全部已經做好，我是繼承者，能夠找到的空間不是太大。」葉建源自覺缺乏藝術根底，難以帶領整個團隊：「作為校長，不一定所有範疇都要識，但至少要有概念。我大體上可以衡量一個數學老師做得好不好，但怎樣為之一個好的CPOP老師？我不懂得。當我對學校的核心業務也不太掌握，學校下一步的發展方向，我亦好難有清晰的想法。」在完成創校第三年的工作後，他便以「藝術素養不足」為由辭去校長之職。

葉建源憶述當時老師團隊裡都是些很有主見的人，並且「不排除」變化：「今日覺得無紀律怎做到藝術家？第二日又覺得，這麼強調紀律，怎做到藝術家？爭論是無休止的，經常要重新討論一些已經討論過的題目，很疲累。這可能體現了書院富生命力的地方，每個人都在思考、接受新想法，不斷檢視之前的處理方式。我想，應該要取得平衡吧。一個機構的工作需要積累，不能每天不斷深入、但原地踏步。常常把能量耗費在這地方，便無足夠能量做其他事情。」

受訪老師普遍欣賞葉建源肯聽意見，但較難下決定。葉建源亦認同校長的角色應就一些爭議作裁斷，但解釋集體討論、互相説服，是青州街時期就奠定的運作模式，即使校長亦很難淩駕眾人的意見。

人治與制度

葉建源離任後，一時也找不到另一位校長，便由馮美華署任。

馮美華本身是藝術家，不斷質疑舊習慣，不斷從新的角度、想新方法去處理問題，亦重視學生的個別情況，認為學校裡有任何問題都應該面對面談出解決方案，若有需要，不惜打破或改寫制度。「這些傾談的功夫，是好花時間的，但你不是要確保個制度ok，是要確保那些人ok。辦學校就是人的事情。講個制度出來好容易，設計到幾嚴密都行，但有什麼意思呢？」馮美華直言。

不少老師形容馮美華「人治」、「一言堂」，但有老師這樣說時是語帶懷念的：「May很有見識，亦都好真心待人。當一個好人去『人治』時，事情是有機會好的。」「她都會好惡地罵我，但她其實也尊重我的想法，會肯聽。當然她的『肯聽』也令人好大壓力：『好呀，你講啦，我讓你講，你講先！』於是你就會即刻窒住，想講什麼也忘了。」時任副校長的謝國駿坦言馮美華說話做事都好快，老師的思維未必跟得上，但好處是決策清晰。

馮美華的校長資格一直不獲承認，曾試過校董會約齊人上教育局見官員，尋求豁免，仍然不果，加上馮美華已屆六十，在創校第七年決定退休。

接任校長的謝國駿，自創校起就在書院任教，做副校長時對教學和課程設計有不少新想法。他坦言接任初期刻意讓校長的權力變得低調：「如果繼續像May的強勢，其實老師們的自主性便不會發展。」這種風格卻令同事覺得他像哲學家，當大家習慣了什麼事都能從馮美華處得到答案時，謝國駿則可能會提出更多問題。

謝國駿三十出頭，藝術文化界的人脈和資歷與馮美華有一段距離；他的專長在音樂，而非書院較側重的視覺藝術、設計和影像。上任以來，他一直難以凝聚CPOP團隊、整合兩邊老師的分歧。

聯署請願

謝國駿三年多前接任校長時，書院也開始籌備CPOP改革、申請創意藝術文憑資歷認證。這校本文憑是日後發展重心，增添了更多人文通識課堂，傳統學科課時因而縮減。這一連串變動，都令一些傳統學科老師感到前景不明朗，資源和人手會被削減。

創校第九年適逢政府要求直資學校就財務、獎助學金發放及人事管理程序進行內部審核；首兩項書院都順利完成。踏入第十年，開始檢討人事管理制度時，管理層也依照平日的習慣，逐組老師商討、收集意見，打算整理建議書提交上校董會。這引發老師們對薪酬、升遷準則及職級架構的討論。「同事認為書院薪酬與政府薪級表距離很遠，覺得不被尊重。」謝國駿解釋：部份老師的人工與薪級表相距不遠，但部份同事並非以學位教師的條款聘用，可相差約三成。

老師在學年末決定直接向校監黃英琦提交聯署信請願，要求加薪至跟政府薪級表看齊。參與聯署的都是學科老師。有參與的老師形容，行動要求加薪，因為這是共同而明確的目標，但背後其實有更複雜的情緒：直資學校的薪酬福利難及政府津校，是入職前已經知道的事；但大家為理想而加入，教學成果卻不符預期，學科發展前景不明朗，老師的付出又似乎不受管理層重視。「好像放棄了一些東西，但沒有其他滿足感補償，令人沮喪。」其中一位學科老師說。

校方把薪酬調整至接近政府薪級表的八成，暫時平息紛爭。黃英琦解釋，老師薪酬比官津學校低，因為書院的師生比例低（每班約二十幾至三十人）、老師每周課時亦比傳統學校少；而且書院有其他藝術科目的使費，學校不想學費太昂貴、令基層學生無法入讀，所以資源上一直緊絀，加薪後負擔更重。

為老師充權

黃英琦亦理解老師團隊的失落，跟整間學校的教學方針與定位有關。「過去半年我常常想，我們學校一方面不重視考試，但另一方面，可能沒讓傳統學科的老師知道，他們應該重視什麼。他們教中英數通識，好辛苦好辛苦地教足三年，但一百個學生裡只得一個能憑公開試成績考入政府資助大學，有好多人可能連合格都無。學習始終要有目標，不然學科老師會捉不到教學的重心。」

她強調學校發展創意藝術文憑，並不代表學科就不再重要，只是希望可以拋開考試的包袱去教中英數和通識，這些基礎知識對做創作來說也是必須的。她心目中的創意教育，並非馮美華般強調藝術元素，而是用創新的、有效的上課形式，令學生真正參與在課堂學習裡：「外國很多好例子，簡單如課室改用圓枱，也好過學生每人一張枱，四五個人坐在一起，很自然就是小組討論的格局，沒人可以自己躲在一角。網上的 YouTube、Khan Academy、Coursera，好多免費的學習資源和範例、教學心得。坦白說，我們的老師有無比的愛心、花很多時間跟同學溝通，是好好的。但作為一個老師，教學上可以怎樣創新呢？」

黃英琦今個學年已增撥人手去做教師發展及團隊經營的工作，與每一科老師溝通，共同構思教學上的新嘗試；也鼓勵老師到外地交流，申請優質教育基金去支持課程研究。

校方亦把一些 CPOP 和學科老師納入「核心團隊會議」，擴大管理層的組成，讓政策在初步探討的階段可納入更多老師意見。

謝國駿在二零一七年初提交辭呈，完成該學年的工作便會離職。黃英琦說：「創意書院很難再找到百分百理想的校長了。你看葉建源，能做到立法會議員的人，都說沒辦法做我們的校長。這間學校的改變，不應該靠校長一個人，而是要由老師一起去帶動。過去很多年，我們的學生被充權了，老師卻沒被充權。學生不喜歡一個老師可以要求轉班；但老師與一班學生相處不來，卻不能轉班，這是好奇怪的。我希望在工作環境上能夠 empower 老師，讓他們能夠處理自己的資源，盡量給空間講意見，開會時不要只講行政，而是多點促進大家的反思和成長。」

三　十年回望

一路走來，創意書院最初這十年跌跌撞撞，遇到數不完的困難和挫折。

回望千禧年間，教育改革提出「高中多元化」，為年輕人開拓更多學習機會和出路，十一間高中學校陸續開辦。不少高中學校的負責人都有心作出新嘗試，有的發展體育、資訊科技，亦有強調職業訓練如商業及旅遊服務等，但很快就面臨收生困難，需要加開初中，亦逐漸轉型變回主流中學；部份更在數年後關閉。現時除創意書院外，只剩下中華基督教會公理高中書院，以及明愛華德中書院，仍堅持做高中教育。

書院能發展至今，並且仍然嘗試堅持最初對創意教學和藝術教育的信念，實在不易。

消失的政策

葉建源指出高中學校難以生存，因為教育改革實質上對此概念欠缺完整論述：「政府明顯仍然比較崇尚學術這條路，口裡雖然提倡終身學習等等，但整體理念還是希望培育最成功的一批人。這批人要怎樣培育呢？就是讀書入大學，路仍是朝著這方向設計的。高中學校在整個學制裡如何向下銜接、向上銜接，並不清楚。有些地方的學制將初中和高中完全分開，但在香港原本並不存在高中的概念，高中政策在社會的認知度好低，學生和家長不知道原來升中四時可以揀另一類型的學校。當時我們已要求教育局加強宣傳，別人揀不揀是他們的自由，至少讓人知道有選擇。」

但教育局沒有聽進去，也沒有落力推廣高中學校。前助理校長嚴惠英說：「整個教育制度都沒鼓勵學生思考、選擇一條適合自己的路。除非你被人踢出校，不然不會無端端打算轉校。」

二零零六年書院開校時只能收到少量喜愛文化藝術的學生，符合學校定位；大部份均是不適應主流體制、甚至沒選擇下才來讀的年輕人。老師花費極大心力去應對學生問題，探索和實踐創意教學倍添困難。

二零零九年六年新高中學制推行，中三學生基本上可直升中四，更有十二年免費教育，學生轉校動機更低。之後幾年創意書院收生情況一度嚴峻，年年擔心虧蝕。嚴惠英說：「我們也試過申辦初中，但教育局一直不批准。因為出生率下降，學校都在搶學生了。」

時至今日，當初提議辦高中學校的教改領軍人物都已離任，政策更是無疾而終。政府前年發表《推廣職業教育專責小組報告》，也只著重中小學的「生涯規劃」活動及推出更多職業訓練局課程，對於高中書院隻字不提。現任立法會教育界議員葉建源說：「我在立法會也就著這問題講過的，但我估政府其實最初就沒想清楚，現在亦無打算在做返好，三間現存的高中書院，惟有自己想辦法。」

匱乏中開始

大環境缺乏支援，創意書院從建校開始就一波三折，第一年甚至要借用紅磡青州街一家空置村校開學。但這片借來的地方，卻為創意書院帶來很不一樣的開端，讓師生走過創校期的艱辛。

創校第二年遷離青州街之前，每位學生都填寫了一份問卷，記下他們對這校園的感想和回憶：

「我的第二個家！開學到現在留校的時間比在家的時候還多」

「很多樹，天空很大，與同學很近」

「一群癲喪的高中生曾經蹂躪過的美麗校園」

「非常污糟，非常擠迫，每行一步都碰到一個人」

「木棉樹開花～成間 school 好似落雪咁～巧靚靚～」

「成牆螞蟻，上課時有飛行昆蟲入侵，令世界大亂」

「躺在由多張桌子堆砌的平台，看著廣闊的夜空，哼著〈三人行〉」

「一個很迫很細的家庭，就是因為這麼迫，才能和大家融合」

這間讓師生們百般不捨的小村校，現仍隱身於紅磡舊區之中，並未拆卸。校舍是單層的平房，課室整體呈U字型排列，對外是街道，對內環抱著操場，禮堂座落在中間，像鬧市邊緣的小小綠洲，讓同學看見城市裡難得的廣闊天空和花草樹木。天氣好，老師就在操場邊的大榕樹下開會，沒有高牆與秘密，學校是屬於大家的，各種活動都是全體師生總動員，招生面試也讓學生一起面見下屆報名的新生，與老師一同構想書院要收怎樣的學生、辦怎樣的教育。

老師李以進曾在網誌上如此憶述：「青州街比現在的創意書院更充滿（戲劇的或真實的）衝突：打架、喝罵、偷竊、個案紙、停課、離校等詞語，總好像沒有忌諱而統統浮面。但神秘地，那時的創意書院是爽直的，更充滿對話的。有九十九種問題，人卻都有股希望。」

當時大家確實懷抱希望而來。老師期待脱離考試主導的體制，學生也想尋找學習和生活的另一種可能。

有學生將青州街校園的形象、與自己和創意書院的位置聯想成一體，他在問卷裡如此寫道：「我在二零零七年三月二十八日深夜一時才在香港電台聽見這間學校的名字，我極度喜愛這間學校，千辛萬苦來到這兒。所以我從沒埋怨這所舊校舍的破牆、生鏽水管、破窗、細小的小學式洗手間。相反，我欣賞這間校舍的特別，像大城市中的樂土。這兒到處是高樓大廈，但偏偏出現了只有一層高的創意書院，正如我們創意書院在香港死板般的教育界崛起，我們正在創造歷史，青州街校園也是我們創意書院的重要歷史。」

創意書院與主流教育體系格格不入，平房式的村校、樹木與天空在大城市裡同樣是格格不入的，一切巧合得來又匹配。匱乏的環境讓大家知道必須一同努力把事情變好。事隔多年，葉建源仍記得一次暴雨的情景：去水渠被落葉堵住了，課室水浸，樓房頂也積水滿溢，像瀑布般飛瀉而下。「我們急忙清理積水，有些人爬上屋頂，我就在禮堂跟其他老師、工友一起把水掃走，好好玩。當然好狼狽，但很快你就覺得是一次好快樂的經驗，一大群人去為學校奔走、解決問題。那種社群、大家共同生活在一起的感覺，很美麗。」

框裡框外

第二年轉到九龍城由著名建築師嚴迅奇設計的新校舍，很富現代感，黑白灰為主的色調偏冷，建築佈局也令人較難接觸到陽光。由單層平面變成五層樓高的建築，人與人見面的機會大大減少，本來面積可容納中四至中七四屆學生，但遷校時只開了兩屆，格外空蕩蕩。很多師生覺得遷校後氣氛疏離冷清，校舍設備齊全，大家的關係卻總像回不到從前。

老師團隊裡愈來愈多人要求學校運作制度化，以便管理學生。另一些老師就很困惑，究竟是地方影響心態，還是學校規模大了就會如此？

抑或純粹是第一年的奮戰令大家太累了，開始指望透過制度快速地解決問題？但如果這樣，創意書院還是創意書院嗎？

開校前為啟發大家對教育的想像，馮美華等創校成員個個熟讀討論夏山學校、森林小學等外國另類學校的著作，早期加入的老師也不時外訪或邀請這些學校的老師來港交流。但幾年下來，經歷學生的失控和各種現實打擊，「夏山學校」等名字反而成為禁語，大家一聽到即很大反彈：「我們不是在深山，人家好好，在香港就不行，一家幾百人的中學是做不到的。」

認識現實的條件限制固然重要，但如何繼續保有實驗與改進的心，用開放態度去看待不同的人、不同的做法？

書院沒有選擇做一間小眾的私立學校，而是留在體制內、以直資模式開辦。一方面因為辦學團體需要政府的資源，另一方面也想證明：就算在制度內、就算在香港，學校教育還是可以不一樣。第三年加入書院的老師梁璇筠記得，那時黃英琦對一眾新同事說：「我們希望在框內去做一些框外的事，試試在教育制度裡think outside of the box。」這說法深深打動了她。身處體制內，令書院多了各種掣肘，要面對公開考試的拉扯，沒法請藝術文化界的人做校長，但若能在體制內都改變，才可對其他主流中學有參照作用，別人不能說：「因為你是私校才成功，我們就不行。」

一些曾經歷青州街時光的老師常說，學校規模小才是好，以前只得百來人，什麼問題都很易解決。從籌備到開校陪伴了書院十年日子的嚴惠英說，大家不能過份美化從前：「細是有好處，但如果學生只有幾十人、一百人，不一定可以維持整體氣氛的多元、不同人之間可以交流互動。要有多些學生，才能聘請到不同種類的老師、提供多些學科選擇。」她覺得現在四、五百人的規模是合理的，並指出老師之間或師生之間出現溝通困難，關鍵在於大家有沒有把自己視為學校這個群體的一份子，願意付出時間互相理解。

嚴惠英三年前離職後，仍與不少書院老師份屬好友，對老師團隊與管理層最近發生的波折略有所聞。回望過去的經驗，她覺得沒有一聘請回來就合適的員工，也沒有一來就合拍的同事：「好多開頭我們覺得合適的老師，入到課室後都未必做到我們想做、或者他自己心目中想做的事。為何開校時我們如此措手不及？因為再好的構想，到實際執行時都要因應社會環境、學生的狀況、老師本身的條件而調整。」

創校團隊對教育的想像天馬行空，開校後才明白辦一間學校是什麼回事，大家摸著石頭過河，理念在實踐中驗證，才能變得堅實而有內容。

回看初衷

近年香港學生壓力極大，不斷有學生自殺，社會漸多反思強調考試競爭的教育制度，一些家長亦提倡另類教育，包括在家自學。

創意書院漸漸建立形象與口碑，最近兩、三年，很多學校收生不足，書院報讀人數卻不跌反升，可以選擇適合的學生。年輕人更有意識尋求主流以外的學習機會，也愈來愈多家長認同書院理念，書院整體發展空間是樂觀的。

黃英琦關心社會創新與可持續發展，在她心目中，辦教育要為學生面對二十年後的世界作準備。過往十年，書院出了一批有想法、有天份的學生，黃英琦相信再過十年，當中一些人必定能在藝術文化界嶄露頭角。但她亦眼見不少學生在書院裡漫無目標、學習態度散漫。每屆除了十幾個學生考到五科二級合格、二十來個學生靠作品到外國升學，其他人怎麼辦呢？

「一般 Band 2、3 的中學，都是為最頂尖的一班學生設計課程、去催谷，我們其實也還未能照顧到那餘下的八成學生。我不會忘記初衷，要做一間不一樣的學校，大批年輕人可以嘗試不同的教學方法，不能讓他們在高中三年裡一無所獲。」她把書院未來的關注重點放在教學方法的研究及改良，希望每個學生都能夠學習，畢業時有所得著。

馮美華在書院裡的日子則常在前線，看著每個學生的成長。她希望學生學會尊重別人、相信自己，若再進一步找到自己的熱情和動力，往後人生自然會有更闊的可能。「一間藝術學校應該是怎樣的呢？這要由現在的團隊去定義了。」身為藝術家的她有種單純的信心，書院裡有各種各樣擴闊眼界的機會，學生在藝術當中一定有所得著：「我量度不到確切的影響，但我覺得大部份學生，最低限度，應該開心過在以前學校吧。」

但她也掛心，幾百個學生當中，有沒有一些被忽略了呢？出色的學生自己會去找老師、找機會；未有目標的、弱勢的一群，現在過得如何？

學生的後續

書院老師常有的一個疑問是：學生在這裡認識了藝術，若然最後沒法從事藝術創作，畢業後做侍應、店員、跟車工人，藝術對他們的生活還有沒有意義？

嚴惠英在談及升學就業前景時，曾經語帶猶豫地問：「其實學生怎麼看？會不會覺得學校幫不到他們？」」讀寫障礙的阿春，幾經辛苦讀完大學，也是做體力勞動工作，下班後累得沒法畫畫；但他說：「就算最後去做清潔工，我都好想讀藝術，我不會後悔。」清梅因家庭經濟壓力而只能讀完高級文憑，畢業後在小企業裡做文職，她說：「我覺得我都會繼續畫畫，有東西想畫時才畫吧。有時會想，如果把畫畫當職業，長期逼你畫，可能都不會喜歡。」文靜內向的她表情不多，惟獨談到自己的畫作時，眼裡閃著點點靈光。

受訪學生大多認同書院教育的價值，也不後悔學了藝術。但不認同書院的學生傾向不與老師和舊同學聯繫，故較難接觸得到，亦有一些畢業生拒絕了本書的訪問邀請。

書院老師說起，一些學生曾經很以自己是書院人為榮，但畢業幾年後卻在 Facebook 刪去在書院就讀的經歷。他們進社會後遇到了什麼？如何看待書院的日子？

書院原為香港的創意產業培訓人才，但政府政策、社會環境均沒有推行多元產業經濟，學生從事藝術創作前景艱難。熱愛拍電影的舊生阿勺說：「我們有勇氣去追求自己喜歡的東西，已經比一般年輕人幸福得多。」成為紋身師的李寧則一派隨遇而安：「現成講得出來的出路，就好窄啦。」

詩詠今年回到書院做助教，負責生涯規劃工作，她覺得書院不用把目標定得太高遠、要為社會做什麼：「你不會估到十年後社會是怎樣的。我覺得教育是關於怎樣教好一個人，如果當下能夠專心教到一班真正懂得如何做人的學生，十年後已累積到相當數目了，他們自然會有能力去令社會變得更美好。」

繼續尋覓

過去十年，創意書院打破各種主流學校習以為常的界限，在師生關係、校園民主、課程發展以至升學路徑上都作出各種嘗試，也許下個十年便是建立與改良的階段。

書院誕生於青州街，到現在仍不時有舊生和老師舊地重遊，隔著欄柵懷緬十年前留下的痕跡，彷彿有些重要東西在此遺落了。從師生的訪談中可以感覺到，地方也許不是最重要的，他們想念的是當時人與人之間的緊密關係，以及敢於挑戰成規、相信一切都有可能的氛圍。舊日環境如此困乏、舉步維艱，現在各方面的條件和基礎都不會比十年前差。關鍵是大家能否找回大榕樹下，那種願意溝通、不迴避吵鬧，總是變個方法再嘗試的精神。

能夠同心合力走下去，就會有路。

校監的回信　黃英琦

親愛的林茵：

在讀你這本書的初稿之際，我剛好擔任了舊生羅黛玲的證婚人。與黛玲同屆的創意書院同學都來了，大家很自然的埋位幫忙：做文化統籌的詩詠是司儀，在康文署做舞台監督的妹仔佈置證婚桌，擁有自己品牌「紅彤彤」的希彤是攝影師，Kitty做了精緻的兩層伯爵茶味結婚蛋糕（不是裝飾道具，切餅後大家都吃得感動）。還有大Lo，和前幾年在台灣泰雅族學織布、現已成為書院工匠達人的張城，當日也出席了。

那天，這些廿多歲的小文青穿得斯文漂亮，臉上帶著憧憬；你的書喚起了我在創校早年的艱辛（其實不開心的記憶已很模糊），再加上去年聖誕，我被首屆舊生邀請參加 BBQ 聚會，眼前所見，那批經歷過烏溪沙混帳事件、在資源匱乏的青州街或搗蛋或失落的少年人，十年後都得體「企理」，起碼是「善良的人類」，有人踏上康莊路，有人在追夢，有人敬業樂業，我突然豁然開朗：其實，這不就是教育、辦學；這不就是書院的初衷？

創意書院首屆畢業生對我來說很重要，因為始終是他們最有勇氣（或被迫選擇）。二零零六年的夏天，書院仍只是一個概念，校舍還未出現，他們卻從四面八方走到牛棚報考。謝謝你訪問了這麼多同學，不如我繼續 update，讓你看到更豐盛的圖畫。

虹仔最近成立艾菲斯劇團，剛上演了《無有識死》，不忌諱、也不迴避死亡議題；翠兒是典型 slash（斜線人類），是自由身設計師、畫班導師和獨木舟助教；大 Wing 是編劇，彭彭做剪片，Nathiny 做文化行政，澤君做舞台管理，仍醉心演戲；闖蕩世界多年的阿帥回港後，最近與舊生凱樂成立「木碎少年」；Curtis Li 好勁，開了自己的時裝設計工作室，德國傳媒也在報道他的春季系列。

康琪是女子組合 BINGO 的歌手，丁丁是設計師，Shasa 對布藝情有獨鍾，喜歡藍染；Cat Cat 做形像設計，曾與多位藝人合作。除了三位舊生 Apple、劉錦和 Joyce 是書院的視藝老師外，嘉雯早幾年找我寫推薦信讀教育文憑，如今也成為中文老師。

舊生就像社會的縮影，也不是人人都在文化創意產業這行，有人做零售、航空公司地勤、銀行文職、救生員、電工、調酒師；有人做最偉大的家庭主婦，有人在社區創業，有人為了儲錢不斷「炒散」。

更壞的大環境

看到了十年後的他們，我腦海不斷打轉：究竟創意書院的教育有影響他們嗎？

你在書中提到的種種校政民主小實驗，為書桌塗鴉作全校投票，一起討論染髮和校規，事隔多年，感覺遙遠（近年的同學已不再熱衷這樣的討論），還有無數的CPOP創作、社區參與，他們記得多少？

再放大一點，有人說得嚴重：書院是「最後的防線」，許多對傳統教育感到絕望或情緒受到困擾的少年人抱著自由的想像進來。我們真的如此「另類」，還是教育生態本該如此，不同志向能力的少年人都值得有個愛惜和重視他們的學習空間？

十年了，我在二零零六年開校時曾以為考試的夢魘會逐步減少，社會更擁抱多元價值，另類的學校只會更多，因為每位孩子都是有血有肉的人，香港的教育也必然會像世界潮流般，以學生為本，推動個人化教育，以回應他們的不同步伐和學習需要，不是one size fits all，人人穿同一個碼同一件衫。

誰不知，事與願違，香港的教育制度停滯不前，比十年前還要緬緊，家長更歇斯底里，校長和老師無奈的催谷和補課；還以為DSE可減輕公開試的風險，誰不知卻是一試定終生的陰影籠罩大地。而創意書院，仍被視為少數、甚至唯一在制度內的「另類學校」。

可幸的是，在制度外的教育創新愈來愈多：自然學校的實踐受到讚賞，有家長自設遊牧式的幼稚園，有人在小六辦「間隔年」學習，讓孩子加強自省及自理能力才進中一；有小學與創新團體合作，嘗試在下午拋開紙筆，動手動腳參與創新甚至創業的課程。剛過去的三月底，創意書院如常招生，往年的「早鳥」申請只有幾十份，今年首次招生日，竟出現一百二十八位來自三個 banding 學校的少年人！有老師歡喜的說：our time has come。

我不知道「另類」年代是否到來，但確實有少數已覺醒的家長已受夠傳統應試教育的苦，於是坐言起行。香港的未來，取決於教育的未來，香港的教育應如何向前走？創意書院又應該扮演怎樣的角色？不如在此與你分享三個很大的想法。一，是必須放手，推動自學，讓學生重拾好奇心和創意；二，是讓大學有更自主的方法收生；三，是壯大老師成為創變者的力量，老師作為教育的最重要持份者，極需要充權。

推動自學和自主學習

英國的印度裔教授 Sugata Mitra 曾做過一個實驗，他把電腦放置到印度貧民窟，那裡的孩子不懂英文和運算。孩子覺得電腦新奇，每天圍著它亂按，不久，就懂得簡單操作；數星期後，他們學到了基本英語，再過幾個月，他們完成了電腦軟件中的數學題，達至小學程度。

歐洲多個國家的小學在實踐「自然方法學習」。我曾參觀一所荷蘭的小學，以不同的「學習群組」上課：每組一百人，有六位老師，空間大概等同香港十個課室，混齡學習。中央區在進行工作坊，孩子以三人一組做資料分析，只見他們時而在平板電腦搜尋，時而走到隔壁問同學，或坐或站，高聲討論，亂中有序。偌大的空間，老師的存在並不明顯。沒有老師，學生的表現令人驚喜，沒有「hea」，不呆坐，不逃學，反而是互相幫忙，學得起勁。那傳授式的學習呢？有的，在圍繞著中央區的小空間舉行，如數學。但老師說，授課時間不會超過一刻鐘，盡量給予孩子機會自學。

書院的老師說，少年人最大的問題，是找不到學習的理由，對知識缺乏好奇，於是，有老師在實驗自主學習。Mitra 的實驗再次確認了孩子有與生俱來的學習能力，那麼，老師要做的不再是傳授，而是釋放孩子的自學本能，建立探究精神。在科技年代，這些都不難做到，只要老師和家長願意放手。

讓大學有自主收生權

我是認真的想倡議廢除公開考試，但香港社會必然要醞釀和爭論三十年。要走出第一步，不如考慮給予大學更廣闊的收生自主權？如果以 JUPAS 成績收一半，大學自主收生另一半，就可出現更多的「偏才」和「例外」，讓具創意和創新能力、以及具備發明家精神的學生入到大學。

我說的不單是熱愛藝術的右腦少年，原來愛鑽研科技的也是制度的犧牲者。一位校長說，校內有男生的理科特別好，愛砌機械人，是 STEM 的料子，無奈英文能力弱，DSE 英文滑鐵盧，物理卻取得 5*，於是，他沒機會直接進大學了，職訓是浪費了他。書院同學的類似慘痛例子特別多，也有視覺藝術拿 5*、卻「衰了」數學科的同學，只能迂迴的從高級文憑或副學士開始漫長的大專生涯。

只要社會有共識，願意調整僵化的 3322 標準，由大學再為個別同學補底，可讓許多不同天分的「失敗者」有出路，就是這麼簡單。

壯大老師為創變者的力量

自去年起，我參與了設計和執行一個教師創新計劃。我到過不同學校，看見每所學校都有充滿教學熱誠的老師，但他們往往被考試和學校系統框死，未能創新，突破局限。

十年以來，書院想建立新的管治文化，想老師成為 changemakers。你在書內訪問的書院老師，都是有想法的一群。但隨著學校制度化，近年我們的老師也變了，開會時大都很安靜的坐著，極少發言。縱使書院真誠希望建立一個決策可由下而上、老師聲音被聽見、意見可不斷反饋的制度，但如何鼓勵同事更勇敢發言，提升協作和創新精神，不是只忙於眼前的工作？我相信，下一波的教育檢討必然從老師出發：只有老師能每天接觸學生，不是決策官員、不是校長校董、也可能不是家長。只有老師能改變學習的成效，開闊學生的眼界，並施盡渾身解數，讓學生學得興奮。

世界經濟論壇預言，未來是共享經濟盛行，要什麼可租可共享；器官移植變得容易，一個健康的腎臟可從3D打印出來；人工智能主導生活，機械人可陪伴老人家，在災難期間可不眠不休把救援物資送到天災地點。未來的行業將有巨大的轉變，人性化、需要社交技巧的工作（如老師），很難由機械人代替，但現有的大部分行政文職應會被自動化。今天的六歲孩子在廿年後投入的工作，大部分應是新的工種，孩子要為自己設計職業，並要有靈活的創意，隨時轉換工作。教育創新的先驅芬蘭已在思考新的教學法，讓老師充權，啟發孩子創造更多可能。

未來十年

在未來十年，書院會繼續推動老師成為創變者，建立老師和管理層的互動文化，讓同事發聲，而管理層必須用最大的力氣幫助每位老師發展，相信不同的鼓勵和培訓方法可讓每個人進步。在這大前提下，管理層也要學習「接受自己的脆弱」，與老師的交往，要人性化和真誠，不能把問題隱藏或假裝不見。

我用了「管理層」而不是校長，因為，唉，你在書中說的校長問題，仍未解決呀。上月，Wilson（謝國駿）校長向我請辭了。他在書院服務十一年，由老師晉升至校長，他想往外闖，嘗試在其他學校當校長的滋味。

於是，創意書院剛登報招聘新校長了。然而，我不會太擔心，這幾年書院建立了比以前完善的管理層共議制度，不是校長獨大，由校長、兩位副校還有兩位助理校長一起討論、協力做決定。這樣的管治模式，再加上更主動求變的老師群，應是書院未來會走的路。

上周，Wilson 正式向書院的老師宣佈他將在暑假離任，既是舊生也是老師的劉錦寫了以下的電郵：

親愛的 Wilson，點解點解，點解你要走啊……

想當年，第一次見你說自己是一個哲學家。因為你自稱是一個哲學家的關係，我一直都跟你保持一段的距離。直到中七那年的你接手倫理堂，你拿《全職獵人》的漫畫來跟我們討論慾望。某天忽然分享巴哈的音樂。討論死亡、恐懼，安樂死，你給我們看一對安祥地自我了結的老夫婦。這些都令我大開眼界，時不時拿起你整理得井井有條的教材，記憶猶新。後來你頒倫理學科獎給我時，卻對我說「竟然係你？」直到現在，我覺得你在校長的位置其實更加和藹親切，處處的叮嚀和善意，都在你的言辭之間流露。在書院工作不算久，但我回來後在你身上看到一樣我一直都想學好的東西——謙遜。

尤是今年，你和同事的合作都順暢多了，大至梳理學校的理念價值，校服整頓，留校機制，民主牆的處理，現在的延遲上學測試，小至帶大家朝早一起跑跑步，叫太攰的同事朝早冇堂就瞓耐啲。一切一切令我們覺得今年的書院增添了不少明媚的陽光。創意書院的老師不易做，更不用說是校長吧，所以這裡才是一個可以讓我們犯錯，再嘗試，失敗，再嘗試的空間。我們都經歷過了，但在這個風和日麗的時刻，你就要離開。

Wilson 如此回應：

Dear 劉錦：

謝謝你的電郵，讓我能回味那些教學的片段，尤其是教你們倫理課的那幾年，是我在書院工作中最快樂的日子。

我十分享受在教學中和你們相處，討論和思考知識，分享人生的體會，而最開心的不是你們考試考到什麼成績，而是你們結果喜愛上倫理課、懂得用倫理角度思考問題、甚至喜愛哲學。我是這樣想的，在有限的教學日子及課堂時間，我最想做到的是分享一些能讓你們一生受用的東西，並非處理考試。對我來說，考試成績只是教學的其中一個結果，不是目的。

你問我點解要走，既然你仍然當我是哲學家，那麼我就嘗試用一個哲學的角度回答你的問題：如果要回答點解要走，可能先要答另一個更重要的問題：點解唔走？人會傾向對於自己一直慣性做的事情不去求問仍然做的理據及原因，反而會對於一些新的事情，用一個極批判的角度去批評，結果不去做。

自從加入書院，書院變成我生命的一部分，而我最期盼的事情，就是創意書院能成為一場運動，HKSC as a movement of education，創意書院不是一間學校，創意書院所代表的是一種對教育的追求，是一種 Ideology，結果所有學校都可以是創意書院，所有老師都可以成為創意書院老師。

我仍然會在新的工作環境，開拓空間實踐我所擁抱的價值，這樣看的話，我其實並沒離開書院啊。

我相信，Wilson 與劉錦這段磊落真誠、亦師亦友的關懷和對話，可能是書院為香港學界建立的新文化「基因」，這種「你肯講、我願意傾」的信任，對成長中的少年人來說，比什麼課程和成績都來得實在。

Wilson 說的「創意書院作為教育的 movement」有點誇張，但我相信他會帶著書院的人文關懷到其他學校。再過十年，也許有舊生成為書院的校長和老師，前老師和舊生都關心學校，常回來幫忙。而文化創意界內新進及獲獎的藝術工作者、導演、演員、舞台技術人員、音樂人、設計師、時裝界、建築界，都有舊生的影子。我能想像這樣的畫面，但書院不會在他們風光時抽水或做「攝石人」，我更希望他們面對壓力和失敗時，能夠回來，在書院歇歇、傾傾，一起解決難題。我也想像過，在校園內為校友設計這樣的空間。

在書院踏入第十二年，而香港也需要懇切檢討教育制度的時候，謝謝你，林茵，你過去兩年的努力，除了讓創意書院跌跌撞撞一路走來的開心和失敗故事公諸於世，給香港人點評外，《教育不止一條路》其實也在促進所有香港人對教育的反思。

Ada

黃英琦

香港兆基創意書院校監

二零一七年四月

教育不止一條路

作者　林茵
編輯　陳曉蕾

書籍設計　胡卓斌（Edited.hk）
出版　林茵
繼續報導
journalistudio.com
承印　美雅印刷製本有限公司
印次　二〇一七年四月香港第一版第一次印刷
規格　130mm × 188mm 四四零面
定價　港幣九十八元
國際書號　978-988-78061-0-3